ドイツ通信「私の町の難民」

ヨーロッパの移民・難民の受入れと共生のこれから

早川 学［著］

柘植書房新社

ドイツ通信「私の町の難民」◆目次

3―パリのテロと移民、そして難民問題

4―ユーロ危機と難民問題は切り離すことはできない

5―ヨーロッパでのテロにみる共通点

はじめに

ドイツに来てから約二十五年

——ドイツ通信87回　2016.10.3

イラク出身の家族との再会

この夏休みに、私が住んでいる町（カッセル）のキャンプからフランクフルトの近くに移住したイラク出身難民家族を訪ねてきました。小さな田舎町です。着いた駅で、どちらの方向に向かえばいいのかとキョロキョロしていたら、すぐ近くに見えるアパートの前に立って、「こっち、こっち」と手を振っている男性の姿が見えます。お父さんです。

アパート内に案内され、久しぶりに会った懐かしさで、矢継ぎ早に近況の質問が、相互に飛び交います。二番目の子どもは9月から小学校に行く予定ですが、一番上の子どもはすでに小学校6年のクラスに入り、友達もでき、難なく楽しい学校生活を送っているようです。学校で身につけたドイツ語を話したくて仕方ないのでしょう。私たちに質問の機会を与えることなく、学校での様子と日常生活を話してくれます。ドイツ語が、もっと上手くなりたいというのが彼の希望です。

イラクからドイツまでの逃避行

お父さんは職業訓練に参加していましたが、自分の専門分野（エンジニア）とは異なるために、別の機会を待っているところだといいます。その彼は地域のバレーボール・チームに入り、連れ合いはサンバ・クラブでダンスをしていると、ケラケラと笑い転げていました。新しい生活が始まり、前向きに活動的になっているのが伝わってきて、私たちも心地よかったです。

ここでもイラク料理の昼食をご馳走になりました。そのとき、彼がコンピュータを持ってきて、イラクからドイツまでの逃避行を画像で見せてくれました。

まず、トルコのイスタンブールに来て、次にアンタリアに向かいます。そこからゴムボートでギリシャのレブロス島に渡りますが、小さなゴムボートに27人が乗っていますから、ボートは立錐の余地がなく満杯です。それを彼はビデオに収めていていました。画像は波に揺られたため左右前後に揺れています。

さらにそこから船でアテネ、そしてマケドニアーセルビアーハンガリーオーストリアと続きます。ハンガリーからオーストリアに抜けたのは、国境が封鎖される一日前の2015年8月15日でした。誰もハンガリーに留まりたくなかったといいます。おかげで指紋はとられていません。指紋をとられるということは、難民登録をされることですから、その国に留まり難民申請をしなければなりません。他国への移動が認められません。これがEUメンバーであるハンガリーでの大きな問題点であり、混乱を招いた背景です。同じく「難民法」の法律的な欠陥といっていいでしょう。それによってEUの抜き差しならない政治的問題に発展してきました。

画像を見せながら話す彼の口調と表情には、逃避行で出会った苦境や、家族が経験した先行きへの苦悩、あるいは取り残してきた祖国への恨みなどは微塵も感じられません。それらを克服して家族とともに新しい生活を始めたことへの喜びのほうが現在の精神的な支柱になっているからでしょう。

帰りの時間が迫ってきています。「どこかに二人の寝る場所ぐらいできるから、泊まっていくように」と誘われましたが、それを辞退して私たちは家路につきました。

彼は、まだ逃避行の全話が終わっていないと言います。残念でしたが、「それは次回に」と言って、駅まで見送られて彼らと別れてきました。

ドイツに来てからの二十五年を振り返る

今振り返れば、「難民」の話を聞き、議論しながらも、こうして身近にかつまた個人的に難民と知り合ったのは今回が初めてになります。このへんの事情を、いい機会ですから、これまでの私がドイツに来てからの二十五年近くの時間の経過をたどるなかから、ここに少しまとめておきます。

１９９０年に続いて９２年にゲッチンゲンに住んでいたときは、ちょうど湾岸戦争の時期に当たりますから、大学街の中心部は学生・青年たちの戦争反対のデモと集会が定期的に開かれていて、ゲーテでの語学授業よりは、そちらのほうに興味が移っていきました。

ゲッチンゲンはアウトノーメン*の拠点で、集会・デモの後には、歴史的な旧市街の商店街のショーウインドーが破壊されて粉々になって道路に散乱しているのを見かけたものです。ベルリンの壁の崩壊と、自分の住んでいる町での反戦運動をつぶさに体験しながら、政治変動にゆれるドイツの渦中に叩き込まれていくのを実感したものです。

こういう国でこれから生活していくのか。それは不安ではなく、ドイツで生活することへの躍動感のようなものです。新しいものを学び、考え、活動することへの刺激を与えられたことになります。

＊　アナキストといわれていますが、マルクスーレーニン主義的な組織と規約等を否定した自主的な個人の集合体で、黒の覆面と服装が特徴。集会では無断に写真を撮った人たちがカメラからフィルムを抜き取られていましたが、私は許可を得て撮影していましたから、質問にも答えてくれていました。

１９９２年の初めに、知り合った２０代前半の女性が、「ゲッチンゲンの近くで、連邦軍の青年がネオ・ナチに襲撃された」と話してくれたのがきっかけになりました。それから毎日、図書館へ通い、過去の新聞を読みあさることになります。「ネオ・ナチ」の用語は日本でも知られ、個人的にもベルリンの壁崩壊直後の旧東ドイツ領であったドレスデンで彼らと遭遇していましたが、しかし、このときほど現実感をもったことはなかったです。

ドイツ統一の議論は、すでに、峠を越していたように思います。歴史の勢いというのでしょうか、もはや誰にも止められないまま突っ走っているかのようでした。

統一前には、「統一を急がないで、二国家間の連邦制のような体制を選択するべきだ」というような意見と議論がありました。私も同じ意見で、ゲーテの授業の先生とその問題に関して手紙の交換をしていました。見方を変えれば、そこまでソヴィエト型共産主義の瓦解が進んでいたということでしょう。ドイツ統一後に、その内実が暴露されることになります。

新聞記事から読み取れたことは、「ネオ・ナチの襲撃は、東より西に多い」ということでした。それまでの議論は、あたかも統一後の旧東ドイツの現象のように語られていましたが、現実には、むしろ西側の政治問題に浮上しているのが認められることです。これが、現在までの私の問題意識をとらえている核心です。

「ボートは満席になっている」

「ボートは満席になっている」がドイツ滞在外国人、そして流入してくる難民に反対するスローガンで、外国人襲撃が頻繁に繰り返されていました。

西ドイツに比べ、旧東ドイツの住民数と比較した外国人比率は、少ないはずです。また、当時、どれだけの難民が旧東ドイツに収容されたのかは、これまで私は資料を見ていません。

旧東ドイツの外国人といえば、〈社会主義兄弟〉といわれる主にベトナム人です。しかしこの兄弟たちは、社会の中に受け入れられることはなく、社会主義建設の労働力として、地元住民とは隔離されて生活していましたから、旧東ドイツには社会への外国人のインテグレーションなどという課題はありません。

国境が崩壊していくと同時に、旧来の〈階級敵〉—資本主義の害毒が社会と生活を飲み込んでいきます。西側に逃れた人たちは人たちで、新しい環境のなかで、東西のメンタリティーの違いを見せつけられ、そこでまた新しい問題を抱えることになるのですが、残された人たちには、この急速な移り変わりを理解することは困難です。波に飲み込まれないで自分の生活を防衛したいという意思が働くことは想像のつくところです。

統一によって西ドイツの経済発展が見通せられるようになる一方で、旧東ドイツの経済・社会の瓦解が始まります。〈統一〉を賞賛されながら、では、どこに同じドイツ国民としてのアイデンティティがあるのか。この議論が、結局は、外国人排除に向けられてくるのだろうと思います。

社会主義の一枚岩的なアイデンティティが、またそれを統一の過程で克服できなかった行きつく先が、外国人に矛先が向けられてくるのだといえます。

ベルリンの壁の崩壊直前、直後、旧東ドイツの様子を視察するために何回も足を運びました。例外なく、私の下手なアクセントのあるドイツ語と外観から、奇妙な眼差しを受けた経験があります。「ベルリンの壁は崩壊したが、頭の中にはまだ壁が残されている」と、メディアや学術論文で語られていた時代です。

西ドイツのネオ・ナチが、統一後、東ドイツの組織化に入りますが、失敗しているといわれた背景には、こうした東西ドイツの社会的かつ制度的なギャップがあったのだろうと想像します。

「過去の克服」とネオ・ナチ、および外国人排斥

他方で西ドイツ―ゲッチンゲンでは、反ナチ、移民・難民との連帯集会とデモが開かれていました。労働組合、教会、学生組織、市民グループ、外国人組織等の呼びかけに政党SPD（ドイツ社会民主党）、緑の党が参加し、色とりどりのにぎやかな大衆運動を見せつけられることになります。

「過去の克服」という言葉を教えられました。

しかし、その西側になぜ、ネオ・ナチの襲撃が多発しているのか。

西ドイツが、戦後、数百万の難民を受け入れてきたのは歴史的事実です。その背景には「戦争責任」の自覚があります。「ホロコーストを再び繰り返さないために」が、共通の認識になっているからです。その戦後の歴史とネオ・ナチ（による襲撃）、および外国人排斥運動が、どこでどう結びつくのか。私の現在まで引き継いできたテーマになります。

一ついえることは、「戦争責任」を自覚し、「過去の克服」を実現する過程というのは、実に長い歴史と時間を必要とするということです。社会のなかには、「過去を忘却」し、「責任のがれ」を押し通そうとする勢力とグループがいつの時代にも存在しますが、民主主義とは、そうした時間を巻き戻そうとする勢力とのたゆまない闘争の過程だということです。それをドイツで知らされたことが、日本で受けたドイツへの理論的な認識を超えて、私をもっと現実的にドイツにひきつけるきっかけになりました。

ドイツ統一とは、分裂していたドイツ国民を単に統一するだけか、あるいはそれにとどまらず戦後の冷戦世界に終止符を打ち、ヨーロッパの戦争のない平和な政治・経済統合を実現するのか——が問われていたのではないかと思われます。そこでドイツが、どれだけの主導性をとり、貢献してきたのかは、実は、現在の難民を含むEU問題で試験されているといっていいでしょう。

1991年9月17日、世界の目は、ザクセン州（東ドイツ）のホイエルスウェルダ（Hoyerswerda）

の町に釘付けになります。ベトナム人とアンゴラ人*が住んでいる難民施設がネオ・ナチグループに襲撃され、火炎瓶を投げ込まれ数階建ての団地アパートが炎に包まれます。住民は煙と炎で建物の外に逃れることができず、窓から飛び降りたりして難を逃れます。消防車、救助隊、警察の到着は遅れ、建物の前の広場には野次馬、見物人が集まりますが、室内に閉じ込められている住民に救助の手を差し伸べないばかりか、ネオ・ナチの襲撃に拍手を送り歓声を上げるだけです。こうした状態が、数日にわたって続きます。メディアでは、ドイツとナチの言葉が結び付けられて世界に発信されました。

＊ 社会主義兄弟は、ＤＤＲ（ドイツ民主共和国＝東ドイツ）の崩壊とともに住居権・生存権・滞在資格を喪失し、「難民」としての地位で旧東ドイツに留まることになります。

続いて１９９２年の末には、シュレースヴィッヒ－ホルシュタイン州（西ドイツ）のモェルン（Mölln）の町で、トルコ移民の住む一家が外国人排斥を動機とした放火にあい、二人の少女と祖母が死亡した事件が起きます。トルコ人の移民は６０年代から始まっていますから、三十年以上トルコ人はドイツに住んでいますが、しかし、ドイツ市民とは認められず、いまだに外国人扱いです。政府の対応は、西側で起きる外国人排斥を動機とした事件を過小に取り扱うことです。それは政府発表の統計に読み取れます。他方で、旧東ドイツの典型的な現象に議論がすり替えられていきます。〈無言に、ひそかに外国人襲撃に拍手を送る市民の数が多数に上る〉とは、各大学、機関が行なった調査結果の結びの言葉になります。

同じく反ユダヤ主義を動機とした事件が顕著になってきます。そうすると問題は、ユダヤ市民組織が指摘するように単に外国人排斥ではなく、「自分とは異なるものへの排斥*」がテーマになってきます。文化、宗教、言語、出生、外観、性等の差異による敵視・排斥・差別が社会で議論されます。「過去の克服」の現実が、ここで再度、問われました。

* 外国人敵視・排斥は Ausländerfeindlichkeit それに対して Fremdenfeindlichkeit を「自分とは異なるものへの敵視・排斥」と訳しておきます。これを混同すると、議論の核心が理解できなくなります。同じドイツ人でも、肌色や話言葉のアクセントで社会的な差別を受けています。

1——ドイツの〝何が〟難民を受け入れているのか

ギリシャ難民問題から考える

小銭を持ってギリシャ旅行へ

ギリシャ国会でEU改革‐財政援助受け入れの議論がなされている深夜、国会外の街頭では催涙弾と火炎瓶が飛び交う映像が、TVの画像に流されていました。それを見ながら、「軍事クーデターにならなければいいが」と一抹の不安が頭を横切ったものです。1967年でしたか、ギリシャは軍事クーデターを経験していますから、何気なくそんな思いがしていました。

友人に、「ギリシャへ行くよ」と言うと怪訝な顔をされましたが、親切にも「小銭を持っていくように」と忠告もしてくれました。一方では、今年（2015年）の夏のドイツ人のギリシャ旅行が控えめになっているとも伝えられていました。なぜ、今、ギリシャが旅行地として敬遠されるのか、この事情が私にはよくわかりません。むしろ今だからこそ旅行すべきではないのか。ドイツ市民がそれほどナイーブなのか。

銀行閉鎖

戦後のギリシャとドイツの関係は、ナチの歴史をもちながら、1970年前後に若い人たちがギリシャにリュックサックを担いで旅行し、地元の人たちの善意から食料、宿泊を無料で提供してもらったのが始まりだといわれます。ヒッピー族といわれた人たちですが、彼らがその後の観光事業の牽引車になったといっていいでしょう。

この時代というのは、他に、トルコ―イラク―イラン―バングラディッシュ―パキスタンを通り、アフガニスタン―インドまでVW（フォルクスワーゲン）バスで旅行するアジア・ルートもありました。ヨーロッパの若い人たちが保守的な拘束を逃れて世界各地に散っていった、今では想像もつかない長閑な時代だったのです。まわりにそうした経験をした友達が多いですから、楽しく話を聞く機会もあります。

私は友人の親切な忠告を聞き入れ、これまでたまった小銭コインを袋にたっぷり詰め、また5ユーロと10ユーロの小額紙幣を用意してコス島（Kos）に向かうことにしました。

かなりの重量になりましたが、生活・食料品の購買に不自由しないためです。ギリシャの銀行が閉まっているために、「小銭がなくお釣りがもらえないよ」とあちこちで語られ始めていました。

コス島はエーゲ海にあり、トルコから10キロメートル離れたところに位置しています。フェリーが、一日に何本もトルコとの間を行き来していますから、軍事クーデターが起こったとしても、すぐにトルコ側に逃れられるとの読みがありました。航行時間は、たかだか45分ですから安心感も高いです。

アラブ、イスラエル等、中東では、一日にして政治状況がガラッと変化します。その時を見越して絶対安全な逃避道を確保する必要があることから、そうした経験から最悪時のことを前もって配慮するというのが私の習い性になっています。さらに、そのトルコ側には私たちのイスタンブールの友人が避暑で滞在していると聞いていましたから、なおのこと心強いです。後には、トルコ政府の対ＰＫＫ（クルド労働者党）対ＩＳの二面戦によって、逆にトルコ側の政情不安が予想されることになるのですが。

コス島とサモス島

コス島の北にもう一つサモス島（Samos）があります。この島まではトルコから4キロメートルです。この二つの島が、現在、シリア、イラク等からの避難民で溢れかえり、政治問題に発展してきていると報道されていました。

ギリシャの財政援助論議のなかで、政治難民問題は公式に語られることはありませんでした。しかし、財政と同時に難民問題は緊急を要するテーマであったはずです。メディアには、「空腹革命」の表現（「ＦＲ紙＝Frankfurter Rundschau」２０１５年7月１８／１９日付）が見られます。そこまで状況は緊迫してきています。その実情を見るのが、私の今回のギリシャ行きの目的になりました。

小さな家族経営のホテルに着いたら主人が出迎えてくれて、早速、銀行閉鎖の話になりました。国民投票のおかげで送金期限がずれ、銀行では彼の名前がブラックリストに載せられていると苦情を呈します。私は、強引なドイツ政府への批判を予想していただけに意外でした。ドイツの観光客に対する配慮であったのかもしれませんが、多額な送金に携わる人たちには、本音であるのでしょう。

翌日からはスーパーに出かけ自炊品の買い出しですが、何のことはない、すべて通常通りに事は運びます。ポケットいっぱいの小銭も必要がありません。小銭をチャラチャラいわせて、重い足を引きずりホテルに戻る始末です。

こうした島々では、アテネやテッサロニキでのような政治的な変動の波は受けていないといわれていました。もっとも、島民の日常生活、たとえば年金、医療、失業等への影響を知ることはできません。人伝ての話では、緊縮政策のあおりを受けて、コス島には専門医が誰もいなくなっており、緊急治療の大きな問題になっているといいます。

丸一日、コスの市内中心部に出かけてみました。港町にありがちな夏の華やかな光景が見られます。その木陰に観光客ではない男性の群れが、何もすることなくたむろしているのが見られます。それに観光客は視線を投げかけ、無言で通り過ぎていきます。意味はわかっているのでしょうが、誰も目にしたものについて話し、語ることはありません。何を、どう話せばいいのかもわからないのでしょう。自分の無力さを知らされているのかもしれません。

私たちは木陰に腰掛け、のどが渇き、空腹な様子の人たちの群れを見ていました。近くに誰かが来れば話しかけることもできるのですが、そこにはれっきとした溝が横たわり、双方で無言の境界線が引かれているようです。肌の色、顔の表情からパキスタン、アフガニスタン、インドの人たちだと思われます。後で地元の人に、「彼らも難民ですか」と尋ねてみたら、「シリアからだ」との回答がありましたが、それを私たちは信じることができませんでした。地元の人たちも、実情と実態は正確には把握していない様子がうかがわれます。

港の散策道を離れて住居地区に入っていきます。通りの木陰に横になっている幼い子ども連れの母親が目に入ります。

市内を歩きながら旧市街といえる街区に向かうと、樹齢約２０００年といわれるヒポクラテス（紀元前４００年頃のギリシャの名医）のプラタナスの大木は、今も新緑の葉をつけ日陰をつくり、その周りに涼を求める人たちが集まってきています。外気は４０度近くまで上がっているはずです。またとないオアシスと言える場所ですが、しかし食料も水もない難民の群れは、何することもなくたたずみ、ベンチ、石畳に横になり、腰かけるしかありません。

その広場の隣に周辺一体がキョウチクトウの花に囲まれた小さな公園があります。そこから高級ヨットが停泊する港が見渡されます。通りからは内部を覗き見することはできないのですが、柵の間から偶然に公園内を見ることができて、そのとき初めてここが難民の野宿地であるのがわかり、その実情と実態を見せつけられショックでした。――もうこれ以上書く必要はないと思われます。

コス島とサモス島には、イラン、シリアからトルコを通り、北ヨーロッパを目指す避難民が殺到してきています。その中にはアジアからの人たちも混じっているといわれますが、実態はつかめていないようです。彼らはここからギリシャ本土に向かい、マケドニア―セルビア―ハンガリールートで北ヨーロッパに進路をとりますが、特にハンガリーでは拷問にあったり投獄されたり不当な対応にあったあげくに、再びここに送り返されたりした人たちもいます。

ギリシャ政府は、民間の会社に依頼して食料、水の配給を実施していましたが、財政難のなかでその救助活動がストップします。EUからの資金調達により活動は再開されましたが、他人を押しのけ配給車に群がる難民。その様子は、先に書いた「空腹革命」と表現されているとおりです。業務を引き受けてきた民間会社は、配給に携わる従業員の身の安全が脅威にさらされているという理由から、ボイコットの姿勢を見せているといわれます（TV報道および「FR」紙2015年7月18／19日付）。

この間のEU議論とは何だったのか

もう一度振り返って、この間のEU議論とは何だったのか。

今にして、当時の状況が暴露されてきています。以下に、左派党（Syriza）の理論家で政治指導部のメンバー（Haris Golemis）の発言を引用しておきます。

「われわれは、EU―パートナーが交渉の最終段階で、ギリシャが無条件降伏するか、EUがギリシャを滅亡させるかどちらかだと言い張るとは、想像もしなかった」（「FR」紙2015年7月28日付）

何を言うべきか。あるいは、何が明確になってきたのか。

世界と社会が分裂しているのは言を待たないことです。それは痛いほどわかります。しかし、事の本質は、世界が、それは資本の世界ですが、自己崩壊の過程に入っているということではないかというのが、私の直感的な印象ですが、どうでしょうか。

ドイツ通信63回　2015.11.5

わが町にも難民が――とにかくドイツ語を教えよう！

ヨーロッパ―ドイツでの難民問題、2015年7月にギリシャ・コス島で難民の現状を目にしてから、その後の急速な事態の成り行きに追いつけないまま4ヶ月が経過してしまいました。それ程事態が急転換しているといえますが、これは私だけではなく、ヨーロッパ全体に言えることでしょう。どう対応していいのかわからず、しかし、何らかの対策を取らなければならない責任感を感じながら、後から状況に追いつこうとして精一杯もがいているというのが正直なところです。

以下は、「私の町の難民」の現状レポートです。

ボランティアによる援助活動

2015年7月、8月頃になると、私の町・カッセルでも難民の姿を見かけるようになりました。

カッセルはフランクフルトとハノーバーの中間に位置し、人口約20万の町です。統一ドイツのへその部分に当たります。通常は静かな町ですが、難民の流入とともに大きな変化が認められます。難民キャンプの近くに住む女性は、スーパーに買い物に行くと、入り口あたりに何をすることもなくタムロする男性グループの姿を見て不安を感じ、夕方遅く一人で外出したくないと、話していました。これが、最初の印象だったでしょう。それまでの生活環境が、難民の流入とともに変わり始めていきます。それをどう考えていいのかを考慮しているうちに、それまで以上の難民が続々とドイツ全体、そして各市町村に収容されてきます。政治も、そこまでは予想していなかったといえます。

難民を受け入れた町々でのとりくみが報道されてきます。市民のボランティアの援助活動に心が動かされます。食料・医療・衣料提供、女性や子どもたちへのソーシャル・サーヴィス、そして、ドイツ語授業等が市民の自主的な活動によって組織されていきます。地域の社会ネットワークと環境が、それによって変わってきました。

そういう周囲の変化に揺り動かされて、「何ができるのか」と考えるようになったのは私だけではないはずです。自分たちと違ったものへの〈不安〉そのものは、変化することへの不安であり、知らないことへの不安だといえるでしょう。

他方で、難民の抱える一番の問題は、何もしないでその日その日を過ごさなければならないことにあるといえます。外国の避難地で、言葉のわからない難民が、収容所でしかもプライベートな空間のない、身動きできない窮屈な生活を強いられていることがそれに重なってきます。

難民申請が認められるまで、仕事に就くこともできません。その彼らに何ができるのでしょうか。キャンプをとにかく出て、どこかの広場、空き地でタムロすること以外にありません。それは、以前、ギリシャで見た光景と同じです。

市当局の説明会に出席

9月に入ると、私の町でも収容能力の限界が語られ始めました。はっきりとした組織構成はわからないのですが、市長代理と行政および医療担当者が、難民に関する情報と理解を求める説明会を呼びかけます。これこそいい機会だと思い、連れ合いと一緒に集会に出向きました。

400席ほどある学校の講堂を使った集会で、私たちは立見を避けるために開始の30分ほど前に会場に入りました。まだ参加者数はまばらですが、定刻の午後7時直前にはもう満席になり立見席ができるようになりました。市民の関心の強さに改めて驚かされました。

「私たちに何ができるのか、それが知りたい!」

市と行政、そして医療の側からの情報提供が行なわれます。難民数、国の内訳、収容場所・現状、健康・医療対策等々。長々とそれを聞くことに痺れを切らした市民の方から質問が飛びます。「今日参加したのは、何ができるか知りたいためだ!」――そうだと頷く人たち。

しかし、結局は、市当局からの説明を聞いても、どうすればいいのかわからないという印象を持った人たちが多数だったのではないかと思います。そこには失望もあったでしょう。市と行政が、受け入れ態勢の全体的な大枠をつくり上げる政治責任を持っていることは理解できます。それなしには、とても体制的に維持できない課題です。一方で、市民各個人にできることといえば、個人的なつながり以外にないこともわかった説明会でした。

とにかくドイツ語を教えよう!——ドイツ語講座を始める

とにかく難民とのコンタクトを取ることが先決と、医師の仕事をやめ、何か社会的に貢献できる可能性はないかと模索していた連れ合いにできることはドイツ語授業を行なうことです。私たちの友人の画家が、集会で知り合ったという難民に毎日一時間半のドイツ語授業を行なっています。そこで連れ合いがレクチャーを受け、自分で授業をもつことにしました。こういう人たちの数がいかに多いことか。彼ら彼女たちによって、実はドイツの難民問題が持ちこたえられているといってもいいでしょう。

5~7人の小さなグループになります。そこにはシリア、イラク、イラン、アフガニスタンなどの国々の人が参加しています。彼らからは、「初めてドイツ人と知り合った」という声も聞かれます。私にはまだ出番がありませんが、授業の様子を話に聞きながら、自分も同じ繋がりの中にいることを実感しています。

授業の休み時間にコーヒーでも入れる手伝いをしたいという私に、連れ合いは「皆は休みなしに授業を続けたいと言っている」と、私をがっかりさせます。私の町の難民数は、約4000人くらいだと思います。そのうちのたかだか5~7人ですから、どんな意味があるのかと考えては途方にくれるのですが、二つの世界の垣根が取り払われたことは確かでしょう。

――ドイツ通信64回　2015.11.10

小さな空港敷地跡につくられた難民キャンプ

私が住んでいる町・カッセルの人口は、約20万人です。車両工業の町で、VW（フォルクスワーゲン）社、メルセデス社の従業員数は、合理化と人員カットで減少してきました。それ以外にこれといって大きな工業のないカッセルの産業振興の掛け声の下、そこに住民の反対を押し切り、EUの助成金をつぎ込んで新しい地方空港ができたのが2年前の2013年のことです。3000人近くの新しい職場を創出できる地域の産業振興を目指したプロジェクトだというふれこみですが、誰も信用していない空手形です。案の定、オープンしてからもせいぜい週に2～3本の飛行機が飛べばいいほうですが、政治家と産業界では、それでなんだか意味のある事業であるかのように受けとめられていました。

地元紙には、「○月○日、○時に飛行機が着陸して、○月○日、○時にまた出発する」というような飛行プランさえ掲載される有様でした。今年あたりから、さすがに恥ずかしくなったのか、新聞紙上には飛行プランが見受けられなくなりました。「どうしたんだろうか？」「もう倒産か？」「だったらお荷物の空港を閉鎖して難民収容の住居に転用したらいい！」などと口うるさいまわりの友人たちと噺したてていたところに、今年の夏に、突然、そこに難民キャンプがつくられたという情報が入ってきました。

実は、元の古い小さな空港敷地跡が残されましたから、そこに1200人くらい収容できる仮設のテント・キャンプが建設された次第です。

しかし新空港は残されたまま、現在は、難民申請を拒否された人たちを出身国へ強制送還する拠点として使用されることになりました。他の空港では飛行プランは過密で、緊急時の飛行機発着の融通が利かないため、今ではここが注目されることになり、新空港への批判も聞かれなくなっています。

異なる「難民の動機」

その空港敷地跡につくられた仮設のテント・キャンプで生活している難民の出身国は、シリア、アルバニアがそれぞれ30％台を占めて大きなグループを形成し、それにアフガニスタン、イラク、イラン、パキスタン、エリトリア、エチオピア、ソマリア、コソボ、アルジェリア等が続きます（詳しい比率の資料は手元にありません）。

またドイツでも地域によって、出身国別グループと比率も違ってきます。目安とするしかないのですが、言語、宗教、文化、習慣が異なり、さらに大きな問題は、「難民の動機」です。戦争地域からの難民であるのか、あるいは経済的な理由によるのか。それによって、長い困難な逃避行での経験と精神的な負担、そして避難地・ドイツ社会への参加・編入への姿勢が異なってきます。

そういう「難民の動機」の違いやここドイツにたどり着くまでの経過などさまざまに異なっている人たちがプライベートな空間のないところで雑居するわけですから、グループ間での対立・紛争が起きてもなんら不思議ではありません。むしろ自然の成り行きというものでしょう。そう書いてしまえば暴力・傷害事件にまで発展している問題を軽視するような印象を与えますが、それだけを取り上げて難民受け入れ態勢の不備とか、市民の反発を一面的に取り上げれば、結局は、「だからネオ・ナチがドイツで台頭してくるのだ」というような物知り顔の情報を広めることになってしまいます。


難民受け入れ施設やキャンプを監視・管理する業務は民間の警備会社に委任されており、私の町ではないのですが、別の町では警備員が、イラクでアメリカ兵がしたように、難民を動物のように非人間的に扱い虐待した事件も報じられています。

市民の側は、そういう事情を考慮して難民の一般家庭への受け入れを申し出ますが、市のほうは、「難民が個人的な会話になることを好まない」という理由で、市民の提案に積極的ではありません。

この「個人的な」という意味ですが、祖国のこと、家族のこと、逃避行でのこと、そしてトラウマな精神状態に陥っている難民には、そうした質問には答えられる状態ではないということです。難民との会話が成立するためには、それらの複雑に絡みついた糸を、一本一本解きほぐしていかなければならないのです。

難民たちの絡みついた糸を解きほぐす

その窓口が、ドイツ社会に溶け込むにあたって必要なドイツ語を習得するドイツ語授業ということになるでしょう。そう私たちは考えています。

他方での大きな障害は、施設・キャンプで支援活動をする人たちの中にアラビア語を話せる人たちが決定的に不足していることです。市と行政は、すでにドイツに住んでいるアラブ系の住民を世話人として動員し、難民の日常生活をサポートすることになりますが、現実は、市民と社会とのコンタクトを逆に阻害していく要素になっています。

すでにドイツに住んでいる彼らの中ではサラフィスト派が実権を握り、自分たちの組織へのリクルートにこの機会を利用していることです。このサラフィスト派ですが、イスラム原理主義者の一派で、イスラムが成立した7世紀当初に戻ることを主張し、イスラムの信仰をもとにした原初的な共同体を目指しています。コーランの掟に反する社会行為を摘発、禁止するために、自分たちの警察組織をつくり上げ、街中を取り締まり、巡回しています。このウルトラなイスラム信仰は、若い人たちの間に浸透し、そこから「イスラム国」（ＩＳ）のテロ組織に合流する部分も生まれています。以前に少し書いたようにコーランを街中で無料配布し、「シャリア市民警察」まで組織し、シリアのＩＳとのつながりも指摘されています。この、コーランの無料配布は、彼らのそうしたプロパガンダの重要な柱になっています。

ある知人のジャーナリストが、このキャンプに入って内情を秘密裏にカメラに収めてきました。私はまだ見ていないのですが、連れ合いがそれを見せてもらい、確かにサラフィスト派のメンバーと認められる者が何人もキャンプ内をわがもの顔でうろついているといいます。難民の口が重くなる理由の一つです。

その事実をつかんで連れ合いは、すぐに事実確認の問い合わせメールを市の責任者に送り、説明要請をしましたが、2ケ月たった11月の今も回答はありません。市は事実を知りながら、市民への説明責任を回避しているのです。こうしたことは私の町だけではなく、あちこちで聞かれるようになりました。こうしたことが結局は、市民を巻き込んだ極右—ネオ・ナチ派の反難民・外国人排斥運動を助長しているのだろうと考えています。

そこでドイツ語授業を成立させるためには、この壁をまず取り除かなければなりません。

ドイツの〝何が〟難民を受け入れているのか

——ドイツ通信65回　2015.11.11

「アラブの春」以降始まった難民問題へのとりくみ

市民の難民問題へのとりくみは、2012年頃から始まっていると思います。2011年の「アラブの春」に続いて、12年にはすでに難民がドイツにも入ってきたように記憶しています。しかしEUは、この事実を完全に無視していたように思われるのです。

この間のメディアと政治を振り返れば、トップテーマが「アラブの春」、シリア内紛、IS、ギリシャ国家財政破産、難民問題です。これらの一つのテーマが終われば次のテーマへと乗り移っていきます。今では、ギリシャ問題がいつの間にか解決したかのような錯覚さえ覚えます。その難民問題ですが、私は2週間ほど家を空けていたのですが、帰宅してから、その間に何が起きていたのかと、たまっていた新聞に興味深く目を通しました。結果は、何も変わっていないです。しかし難民は、とどまることなくEU―ドイツに押し寄せてきています。

これに対して、すでに体力、精神の限界だといわれながらも難民援助をするドイツ市民の姿が報道されています。もう本当に限界に来ているのですが、しかし難民受け入れの手を休めることはできないのです。その場を離れることができないのです。

難民を拍手で迎え入れるドイツ市民とボランティア

このドイツへ押し寄せてくる難民と受け入れるドイツの人びとの様子は、日本にいる皆さんもテレビ報道などで一度ならずご覧になられたことでしょう。

ミュンヘン、フランクフルト、ハンブルク、ベルリンなど大都市の駅で難民を拍手で迎え入れるドイツ市民とボランティアが、難民に食料、衣料品を配布し、子どもたちにはおもちゃ、ぬいぐるみを直接手渡しています。

それらを手にする子どもたちの笑顔。しかし、どこかに戸惑いも見られます。これから不安なく新しい生活を送りたいという願い、送れるかという不安がそこには込められているでしょう。このような経験をテロで破壊された祖国でも、逃避途上でも経験しなかったからでしょう。これまでは死と背中合わせに生き抜くことだけが、その日の唯一の目的であったでしょうから。私たちが、「何かをしなければ」と考えさせられたのは、そうした直後のことです。

ドイツの〝何が〟難民を受け入れているのか

この時、世界の各国では、ドイツの難民受け入れを賞賛しながら、一方でその背景が議論されていました。なぜドイツ市民が、難民をこのように歓迎して受け入れることができるのかと。

いろいろ言葉を変え発言されていますが、すべては一つの表現に落ち着きます。「ナチの過去」ということに集約されるでしょう。典型的な例は、アメリカの著名コラムニストですが、彼は「これ（ドイツの難民受け入れ―筆者注）こそが、戦争補償への手本だ」と言います。こう表現することによって、何かをわかったような、かつ言ったような雰囲気になるのですが、実は、何も真実を語ったことにはならないのです。

もしそうならば、彼がアメリカ人として「ドイツの手本」を学んだというのであればＩＳを生み出したのがイラク戦争であり、そのシリアへの波及が、現在の難民の政治的背景であるわけですから、アメリカは最低限、中東―シリア難民を受け入れる義務があると訴えるべきです。が、そういう主張は聞かれません。これなどは、アメリカに限らず西側世界に共通の思考方法でしょう。

「ドイツの過去」（ナチス・ドイツが行なった戦争等）をこの議論から排除する意図は、私にも毛頭ありません。しかし「過去の克服」（ナチス・ドイツの行なった「負の過去」に向き合い、責任を追及する一連のとりくみ）というテーマは、優れて現実的なテーマでなくてはならないでしょう。

町と家を焼き払われ、家族兄弟を亡くし、いつテロに襲われるかわからない状況から逃れ、食料も衣類もない人たち、それも病弱な人や子どもを連れた難民たちが、自分の住んでいる町にたどり着いた姿を見て、何も感じなく、何も考えない人はいないはずです。それは理論でもなく理屈でもなく、人間の感情というものだと思います。それが他者に思いを寄せることだと思います。そうして、人は何かを考えていくのだと思います。

ドイツの「過去の克服」を実践するために難民を受け入れているわけではないでしょう。まったく逆に、戦後の長い「過去の克服」活動が、ドイツ市民と社会に戦争で祖国を奪われた人たちを受け入れる人間的な良心、感情というものを育て上げてきたのだと私は考えています。そこにドイツの将来があるはずです。

それを証明しているのが、ボランティアで活動を続ける三世代の結集です。戦争世代が表舞台から退くことなく再び力強く発言し、戦後ドイツの社会変革や原発建設反対、環境保護運動、フェミニズムなど新しい課題に積極的にとりくみ、重要な役割を担い、貢献した「６８年世代」も牽引車となり、その孫・子ども世代が先陣を切るという構図になっています。それぞれ三世代の間には、抜き差しならぬ議論がありました。そして今もあります。しかし、戦争で祖国を奪われた人たちを受け入れたいという人間存在に共通する最も素直な感情で、彼らは世代間のギャップ、断絶を克服しているといえるでしょう。

それゆえに私のような外国人でも、ためらいなく援助活動に合流していけるのだと思っています。

「今日はどうだった？」と言うのが、授業から帰ってくる連れ合いへの私からの最初の質問になります。「また新しい人が来て、楽しかった」と聞けば、自分のことのようにうれしくなります。

モスレムは豚肉を食べないので、「今日は肉の種類を勉強した」と言います。

そこで、七面鳥の肉は「Putenfleisch」（発音はプーテンフライシュ）というと教えたら、生徒は、「Putinfleisch」（プーチンフライシュ、プーチンの肉）といって大笑いしたと言います。ロシア大統領プーチンが、このジョークを聞けばどう思うか。

しかし、定期的に生徒が授業に出てくるかどうか、これが大きな課題になっています。

難民にいち早く対応する教会

――ドイツ通信66回　2015.11.12

「モスレムが教会で⁉」

二週間ほどミヤンマー（ビルマ）へ旅行に行っていたため家を空けていました。帰国後の最初の授業に行ってきた連れ合いが、家に戻ってくるなり、「今日は、誰も来なかった」と気落ちした表情で話していました。難民の学習意欲を中断すれば、それは仕方のないことかもしれません。

連れ合いの担当している難民施設は、町から離れた空港敷地内にあるキャンプのような郊外ではなく、私の家からも車で5分くらいの一般住居地区にあります。そこはドイツ連邦軍の兵舎跡地の建物を利用していますから、市民とのコンタクトは日常的になっています。このキャンプには300人近くの難民が住んでいて、家族での難民の入居を優先しています。ですから、食事の世話、子どもたちとの交流へのとりくみはスムーズに手早く進んだように思います。

しかし気になったのは、「イラン系の通訳者が、施設の中に入れてくれなかった」と言ったことです。それでは、難民の人たちとコンタクトが取れません。それに加えて、連れ合いが訪問目的を告げたとき、彼が、「モスレムが教会でドイツ語を！」と怪訝な顔つきで言ったことです。モスレムだから、他宗教のキリスト教の教会施設を利用できないとは、セクト的な対応にもほどがあるというものです。モスレムはモスレムで特別な学習・生活環境が必要なのか。難民施設の通訳者のこういう発言と支援活動への予断が、どれほどの危険性を伴っているのか改めて知らされました。

施設での援助活動を担当しているのは赤十字社、カトリック系のカリタスなどの緊急医療・災害・福祉援助機関です。彼らが、地域住民との結び目役を果たしています。その地域で、こうした諸機関の要請にいち早く対応してくれるのが、実は、教会なのです。ドイツ語の授業を受けたい難民、それに何とかして応えたい市民。しかし、行なう場所がありません。公共の施設は、いろいろ手続きが複雑です。また、使用許可が出るかどうかもわかりません。使用料の問題もあります。時間だけがかかり、にっちもさっちもいきません。しかし教会は難民受け入れに積極的で、そうした煩雑な手続きがいりません。教会メンバーと共同体の決議で可否の判断を出します。

イラン系通訳者がもつ、こうした予断の危険性は、教会が唯一の機会提供者であるということと同時に、教会が成立している地域共同体への無意識からきていることです。

教会は、地域社会の福祉・援助活動を行ない、難民問題では、裁判で難民申請を却下された人たちを祖国への強制送還から救うために緊急受け入れを申し出、当局から保護しているケースがいくつもあります。当局もそこには手出しができません。「教会難民」と呼ばれているグループがこうして成立します。

教会内で授業を行なうわけではないです。教会には地域住民、信者のコミュニティーを形成している共有の一室があり、そこを使って授業が開かれているわけですから、「モスレムが教会で!?」

とは、とんだ言い掛りでしかないのです。宗教によって、人と社会を判断するイラン系通訳者は、自由というものへの無意識とドイツ社会への壁を自ら築いてしまっているとしか言いようがありません。

そういう私たちも、初めてこの点に気づかされた次第です。友人の画家も、同じ条件で授業を進めています。

ドイツ・カトリックの司祭だったと記憶していますが、難民が押し寄せて政治が手詰まり状態になったとき、「ギリシャ問題では、一夜の議論で片をつけるのに、どうして難民問題ではそれができないで、ズルズル引き伸ばされるのか」と政府の対応を批判した発言がありました。正確な引用かどうかは記憶に定かではありませんが、その点は差し引いてもらうとしても、一理ある発言といえるでしょう。

支援を受け入れるかどうかは、難民自身の判断に委ねられる

「もし次回も、誰も来なかったらどうしよう」と、連れ合いは心配そうに言います。しかし、それは私たちの問題ではなく、難民自身の問題だ、というのが私個人の考えです。物理的条件とプログラム提供はあるわけですから、それを受け入れるかどうかは難民自身の判断に委ねられるでしょう。「一週間待ってみよう。それでダメなら仕方ないことだ」と様子を見ることにしました。

「今日は、また新しい生徒が加わった」と、連れ合いの言葉が弾みます。エリトリアの20歳代らしい女性が、いきなり、「ボールペンと筆記用紙をくれ！」と言います。「ちょっと待って。そう

ではなくて、『ください』と言うべきです」と教えなければならなかったと。それ以外の表現方法を国（くに）で学んでこなかったのか、そうだとしたら内紛で揺れるエリトリアで少女兵士の経験でもあるのではないかと、いろいろ詮索してしまうのです。しかし、その生きてきたこれまでの経過を知ることは、彼ら彼女たち自身から語られるまで待つしかありません。

授業も軌道に乗り、参加者も固定してきました。そして、彼ら、彼女らの口から少しずつ難民生活について話が語られるようになってきました。

イラクの男性は、彼がモスレムかキリスト教徒かはわかりませんが、覚えたてのドイツ語で、「教会が、一番重要だ」と言います。また、難民収容施設内は、出身国グループ間のイザコザがあったりして〝うるさい〟らしいのですが、「(相手の話している) 言葉がわからないほうがいい」と自己防衛も忘れません。言葉がわからなければ、口論にならないからです。

学習欲は日々に高まっているようです。施設内での洗濯等の順番で時間をとられたりする困難がありながらも、午前10時から12時までが授業なのですが、その時間前に早めに来て、授業をやめようとはしません。

アラビア語圏の人たちは、教科書を読みながら書いて言葉を学ぶという習慣がないのかもしれません。何回も言葉を繰り返しながら覚えているようです。そういう話を聞くと、なぜ、千数百年前にアラブにメルヘンが伝えられてきたのかもよく理解できるのです。口伝てに語られ伝えられていくうちに、物語に磨きがかけられていくからでしょう。

「まさか、自分がドイツ語を教えるとは思わなかった」とは、連れ合いの言葉です。難民の流入によって人びとのこれまでの生活が変わり、周辺社会の環境、システムも変わってきました。もはや、これまでの社会・政治構造と制度では全体が捉えられなくなっているのが現状です。

では、それに対して政治はどう対応しているのか。

2—押し寄せる難民の波

パリのテロ、その時――

ドイツ対フランスのサッカー国際試合会場で

本当に、こうして通信を書くことに気が重くなります。テロを前にして、そこに意味があるのかと考えてしまいます。パリでのテロの直後、何人かの友人に会い、町や仕事場で会う人たちとも挨拶を交わします。どう切り出し、話をしていいのかわかりません。これまでのように話をしていていいのか。口が重くなってしまいます。話していても、何かに引き止められているような感じがしてしまいます。

こうして不安を醸成し、人の口を閉ざし、人間関係をズタズタにしようとしているのが、テロの目的としているところでしょう。そう思うと、一人で不安に陥り自分の世界に引きこもらないで、人と会い話をすることが必要なのだろうと思い直し、この原稿を書いています。それが、また、ISへの回答であり、テロの犠牲にあったフランス市民への連帯の道だろうと考えています。

先週の金曜日でした。これでまた一週間が終わりやっと週末が始まると喜び、おまけにこの日にはドイツ対フランスのサッカーの国際試合が午後9時から予定されていて、試合開始が待ち遠しいほどでした。いつものようにテレビの前で、まだかまだかと時間の経つのを待ち焦がれていました。

試合開始直後からフランス・チームのスピードとテクニックが、ドイツのそれよりも勝っているのがはっきりし、興味はいつフランスがゴールを決めるのかに焦点は移っていきました。前半の20分くらい経過したところでしょうか。フランスの左サイドの選手がボールを前方に蹴り出したとき、「ズドーン」と地響きのする音が実況放送の音声に紛れ込んできました。ピッチの選手たちも、一瞬「何か？」と戸惑いながらも試合を続行します。

前半戦はフランスがリードして1対0で終了します。この時、観客席にいたフランス大統領とドイツ外相の姿が見えません。後半戦には、ドイツ外相だけが観客席に戻り、観衆への不安が伝わらないように配慮したと、後に伝えられています。

すでにテロ発生の情報は関係者には伝わっていたはずですが、後にわかったところでは、8万人が観戦している試合を中止すれば、かえって混乱するという理由で、後半戦に入っていきます。しかし、実況アナの話しぶりに何か尋常でないものを感じます。試合が緊張してきても、彼は淡々と試合の流れを追っているだけです。観客者は、携帯等で外部とのコンタクトをとろうとしますが、通信過剰になったためネットはつながりません。

2対0で試合は終了します。この時、初めてテロ発生の事実が公式に報道されることになりました。信じられないほどのそれまでの死者とケガ人数、またコンサート会場では、テロ部隊による100人近い観客が人質に取られているといいます。その日はテレビのニュース速報に釘付けになっていました。

後になって、この試合中の爆音がテロ襲撃だったのかと気づかされました。

明らかになっていくテロの規模と実態

ＩＳのテロの規模と実態が徐々に明らかになっていきます。ＩＳ以外の人間の抹殺を目的にしていることは明らかです。それも市民の日常生活のなかで引き起こされているというところに危険性があります。スポーツを楽しみ、夕方の団欒の時間をすごし、音楽に時の経つのを忘れている人たちが標的にされました。市民の自由な領域と生活が狙い撃ちされたことになります。自由への挑戦といっていいでしょう。

１月の雑誌社（風刺週刊誌「シャルリー・エブド」本社）へのテロもそうでした。それゆえに自由を謳歌し、守ろうとする人たちへの挑戦です。宗教も国籍も思想も異なる世界の人たちの全体に向けられたテロの牙ともいえます。私たちの日常がこうして試練にかけられています。

一方で、ＩＳはイスラムから生まれたことも確かでしょう。「宗教の政治利用」ということだけではすまされない問題があるように思われます。私の経験からの独断になりますが、サウジアラビアを見れば、「イスラム国」との違いを見出すことが困難です。むしろサウジの宗教・国家体制を純化しているのがＩＳであると見えるのです。こうした国々では、国内ではテロが常態化しているのが現実です。

「イスラム」を語る国とその信仰者は「ＩＳはわれわれのイスラム教ではない」と言い、ＩＳのテロと闘うといいながら、自分たちの宗教自身への反省は微塵もありません。イスラムにはいろいろな傾向を有する宗教グループがあります。それぞれ自己の正当性を主張してやみません。それが理解を困難にし、テロを生み出す土壌にもなっているでしょう。その先端にいるのがＩＳだと思います。モスレムをまじえた討論などを聞きながら、そういう彼らに民主主義の意味がどこまで伝わっているのか疑問に思うことが常です。

私が、現在の戦争、内戦状態になる前のイスラム圏（各国）を見て回りながら思ったことは、モスレム自身が自分でこうした自己の宗教問題に決着を付けることが必要だということです。自分は彼らと違うのだというだけでは問題の解決になっていません。単なる解釈でしか過ぎません。そう言えば言うほど、イスラム教を純化させていくだけです。信仰の自由、表現の自由、批判の自由という諸点に関して実践できる宗教を実現できるのかどうかは、彼ら自身の課題だということです。それによってイスラムもテロに対抗できるというのが、私が今考えていることです。

試合後、ドイツのチームがスタジアムの外に出ることができず、更衣室で一夜を明かさなければならなかったといいます。それに対してフランスのチームが、「安全にドイツの選手がスタジアムを離れられるまで、我々もここにとどまる」と申し出、ともに一夜を明かしてくれたと伝えられています。

自由への希望が連帯を可能にするのでしょう。

押し寄せる難民の波

――ドイツ通信68回　2015.11.30

「移民としてドイツに来た1960年代、〝ナチ時代〟と変わりなかった」

パリでのテロの直後、連れ合いの同僚である麻酔科の医者と久しぶりに会いました。連れ合いと16年近くチームを組んで仕事をしてきた彼は、イタリア・シチリア出身移民の息子です。学生時代には、学生自治会の責任者としてモスクワで開かれた世界学生会議に出席もしています。また医師になってからはサウジアラビア（以下、サウジ）で仕事をし、休日に南アジアから来ていた看護師さんたちと一緒に旅行していて、未婚の男女交際は禁止された国ですから、警察に拘束されたことがあるという経歴の持ち主で、この日も、彼の生い立ちを含め興味ある話が聞けました。現在のドイツの難民問題へも厳しい見方をし、先行きに疑問を呈します。

それはまた、一般的な意見だろうと思われますから、ここに少し私の意見も含め書いておきます。そして、ドイツの難民問題を考えていきたいと思います。

「経済の驚異」といわれた1960年代の初めに、彼は両親に引き連られてドイツに来ます。敗戦後のドイツは労働力不足に悩まされ、労働力を必要としていたドイツは、まず労働者募集をイタリアに呼びかけます。そこに記されてある条件というのは、「人数はこれだけ。健康で、身長、体重はいくつ」というもので、それに適合する人集めが各町々で始められ、人数が出揃ったところでドイツに送り込まれます。

その当時の様子は記録写真に残されていて、駅で花束贈呈の歓迎を受け、またトルコ人にはスクーターも進呈されていました。しかし、その手前の手続きは、あまり知られていないようです。

ドイツに到着後、掘っ立て小屋のようなところに集められ、彼の言葉でいえば、「『KZ（カーツェット）』（Konzentrationslager の略称。強制収容所―筆者注）と何ら変わりはない」ところで一人ずつに分けられ、医師によって健康診断が行なわれますが、担当医も『KZ』の医者そのものだった」と言います。

当時、ドイツ敗戦から20年近くたっていますが、その時の様子は、ナチ時代と何も変わっていなかったと言うのです。彼の家族はフランス国境近くの屈指の工業地域・ルール地方に送られます。ドイツの戦後経済を支えた重工業・炭鉱の中心地です。小さなアパートに住み、父親は重労働をして家族を養っていきますが、地域社会ではこうした外国人労働者を受け入れる環境が整っていません。ナチ時代と同じような憎悪、罵倒、差別言辞が飛び交っていたのが日常だといいます。社会統合―インテグレーション、そんなものはどこにも見当たらない。ただただ仕事をして、異郷の地で子どもと家族の生活を養うことだけが、彼の両親がした戦後のドイツ社会であったと。ほとんど悔しさだったのでしょう、目頭を熱くして話してくれました。

したがって、現在の「難民歓迎」イメージに彼は抵抗を覚えると言うのです。これまでの戦後のドイツは、どうだったのか。その歴史が、どこかにしまわれてしまっているのか。それゆえに難民を歓迎する人たちを見ていると、慈善とか価値ある行為へのとりくみによって自己を再確認しようとする行動ではないのか——と彼は言います。私自身もそれを批判することはできません。「しかし、もし、この膨大な数のボランティアの活動がなければ、ドイツ社会はとうに分裂して、もちこたえられなく崩壊しているのではないか」という私の意見に、彼は黙って聞いていました。

予想を超える勢いで押し寄せる難民の波

現在の議論でも、この社会統合の言葉は頻繁に聞かれます。今年（2015年）の難民の受け入れをドイツ政府は50万人と予測していましたが、現実には年末までに100万を超える勢いです。それを受けての政治議論になります。

①難民受け入れの上限数を設けるべき。ドイツ一国では持ちこたえられない。
②EU全体での負担分担。
③難民審査・手続きの迅速化。資格のない人たちを手早く祖国に送還する。

の三点が争点になっています。

100万人という数ですが、市民一人ひとりにとっては実体がつかめないただの数字でしかありません。町に出ると、それらしき人を見かけ、「多くなってきたな」と思えるのが実感でしょう。そこから100万の数字を連想して、社会への圧迫感を何気なく感じることになります。〈不安を持ち怒れる市民〉が現れてくる背景といえるでしょう。

各市町村の難民キャンプ・施設に何人が収容され、そのうち難民申請の資格ある人たちの比率はいくらか、またどの難民グループの何人が祖国へ送還されたのか――市民の一番知りたいことに、政府は資料がないと無責任な回答をしています。市民が政府と国家の保護から見捨てられ、置き去りにされていると感じても不思議ではありません。

「そんなことで、100万の難民をいったいどうするのか」との猜疑心が社会に蔓延してきているのが、実は現在のドイツといっていいでしょう。

どう受け入れる難民問題

ここで気づかされるのは、具体的な事象ではなく、「感じ」＝感覚で難民問題が受け取られ、議論されている傾向です。議論されることはいいとしても、私はそこに、一つ間違った方向に向かえば、とてつもない危険性を秘めていると感じています。

では、どう難民を社会に受け入れればいいのか。まずは、安い労働力による経済的利益だけを求めた1960年代の誤りから学ぶべきではないでしょうか。外国人労働者は、〈よりよい生活〉を求めてドイツに職を求めてきます。仕事に明け暮れた両親の世代がリタイアしたところで、現実を見せつけられた子どもたちは両親に、「どういう一生だったのか。〈よりよい生活〉を本当に実現できたと思うのか」と問い、あるいは自問するでしょう。

問題は、それに両親が答えられないことです。汗水を垂らしてただただ働いてきた両親には、言葉も含め、それに答えることができません。自分たちの生まれ故郷との文化、アイデンティティも失われています。子どもたちはドイツで教育を受けながら、あるいはまたドロップアウトして、両親との結びつきをなくし、自分のよりどころ・アイデンティティを失っていきます。こうした悔しさが先の医者の言葉にも読み取れ、他人事ではなく、それを聞く私たちは胸が締め付けられる思いでした。

社会からの排除と疎外は、社会への憎悪を募らせる

社会からの排除と疎外は、逆にいえば社会への憎悪を募らせていきます。自分を、家族を受け入れてくれない社会は憎たらしいでしょう。そのときに、西側世界を敵とした「イスラム国」・ISという「宗教」が、彼ら外国人労働者の二世、三世に呼びかけることによって、新しい自己意識がつくり上げられていきます。

パリのテロに、外国人部隊ではなくフランス国籍のISメンバーが主軸に参加している背景もこういうところにあるように考えています。それはフランスだけではなく、ヨーロッパ社会全体の問題であるように思うのですが、どうでしょうか。ヨーロッパの移民、外国人市民のイスラム化もここから説明できるはずです。

ポーランドでは、2015年10月、右派政党「法と正義」が政権につき、新政権の外務大臣ビトルド・バシュチコフスキが、「キリスト教の国でイスラム教の難民を受け入れることはできない」

という理由から、ＥＵ分担を拒否した発言がありました。これなどは、極右派とＩＳのテロに、火に油を注ぐようなものです。こうした考えが、特に東ヨーロッパでいかに広範囲に広がっていることか。他宗教を受け容れられないキリスト教の宗教とは何か、疑いたくなります。

さらにまたこの外務大臣、「シリア難民を軍事訓練して軍隊をつくり、その後シリアに帰国させ内戦を戦わせればいい」(http://www.afpbb.com/articles/-/3066831) とも発言しています。シリアの戦争難民に、軍隊をつくらせ戦争させるとは、ＥＵの存在自体が、その理性と人間性が問われています。ＥＵがＩＳ問題に対応できない理由がここにあります。こうしたレベルの議論によって、今、対テロ戦争が計画されています。

私たちにできることは何か

私たちにできることは限られていますが、難民とのコンタクトを日常的に保ち、維持していくなかから、何かを考えることがなおさら重要だと思えるのです。

受け入れ登録と健康チェックの業務を目的とした第1次キャンプ・収容から難民申請手続きへ移る第2次キャンプ・収容への移送が進んでいるようです。長期収容と滞在を避けるためです。

従来は6ケ月以上もかかっていましたが、今では2〜3ケ月ぐらいで難民が別の町に移送されています。それによって連れ合いの生徒の顔ぶれもほとんど変わってしまいました。また一からの出直しです。

そのなかの一人の生徒が自転車を手に入れ、移送バスには積み込めないので一時家に預かってもらいたいと言って、私たちの家に来ました。それが最後のお別れにもなりました。

お父さんはイラク出身の技術者で4人の子どもがいます。その子ども2人と、もう1人同じくイラク出身の警察官も自転車を持ってきました。

子どもたちは、「誰だ、この人は?」と私の存在を非常に興味深く見ていたものです。私も初めて彼らと顔をあわせました。移送場所が決まり落ち着き次第、また自転車を取りに来ると言います。私たちは「その時は、みんなで食事を一緒にしよう」と約束を交わしました。

【速報 2015.11.27】――――

極右派の集会にマインツの劇場関係者がベートーベン「第九・歓喜」の大合唱で対抗

11月25日付の報道です。

ライン下りなどで知られるマインツで極右のAfDのデモに、デモ近くにある劇場関係者らが「第九」を歌って対抗したとのことです。詳しくは後日報告。

「第九・歓喜」の大合唱で極右派の集会に対抗

文化活動へ挑戦するＡｆＤ（極右派）

先日、月曜日の夜の定時テレビニュースを見ていたら、マイン川とライン川が合流するところにあり、昔から河川交通の要衝でもあるマインツの劇場前で行なわれていたＡｆＤの月曜日集会に、劇場関係者が全員でベートーベンの「第九・歓喜」を合唱し、彼らの反難民、外国人排斥アピールを聞き取れなくして、極右派集会に対抗している状況が報告されていました。

ＡｆＤの集会は、３００人くらいの集会ですが、ＡｆＤはドレスデンの Pegida の運動を受けて内部分裂し、リベラル右派が別党をつくり、それによってＡｆＤには、はっきりとした反難民、外国人排斥派の極右の核が結集することになりました。このへんの事情は、もう少し詳しく書く必要がありますが、この戦線分裂の本質と危険性は、ＡｆＤに潜んでいた極右派が自分の色を明確にしだしたことと同時に、ドイツの〈新右派〉形成の動きを示していることにあると私は考えています。

従来の極右といえばネオ・ナチとかＮＰＤ（ドイツ国家民主党）の勢力が連想されますが、たとえばドレスデンの Pegida 運動では、こうしたグループは全体の中に取り込まれて表面に出てくることは稀でした。運動の主軸を担っていたのは、〈不安を持ち怒れる市民の群れ〉でした。その中にはいろいろな傾向がありましたから、その先行きが読み取れない部分がありました。ＡｆＤは、それゆえに市民を代表するような素振りをして行動を共にしていました。

Pegidaも同じく、反難民、外国人排斥、さらにナチ的な方向性をはっきりさせてきた昨年の末には、その政治生命が終わりかといわれたほどに運動は終息していきました。しかし、今年からの難民の流入が、彼らの本来の顔を浮かび上がらせ、今回は極右派として再度生命を吹き返してきています。

こうした新しい新右派に向かう流れの中で、ＡｆＤが政党的な牽引車になろうとしているといっていいかと思います。

劇場関係者にとっては、これらＡｆＤの行動などを、手をこまねいて許せることではありません。文化、芸術そして音楽に携わる人たちにとっては、自分たちの一つひとつの活動が世界の人たちを結び、寛容と理解を呼びかけるものですから、劇場前でのＡｆＤの集会となれば、彼らの文化活動への真っ向からの挑戦ということになります。大合唱になった「第九・歓喜」の意味が、またそこにあるといえるでしょう。

こうしてオーケストラ団員、合唱団、指揮者、俳優、演出家等が総結集した反極右行動になりました。

その後、ＡｆＤは「集会と発言の権利」を妨害されたとして訴訟を起しましたが、これに対して劇場指揮者はインタヴューで笑いながら、「(訴訟が—筆者注) どうなるか楽しみだ」と悪びれるところがありません。それればかりか、ここぞとばかり、それによって社会の中で議論されていくことに大きな望みをつないでいるようでした。

最後に劇場広報関係者の話を記しておきます。

「劇場というのは、総体として一つの場所で、そこでは、私たちが生活している複雑な状況とどう取り組んでいったらいいのか分からない人たちに問題を提起し、援助を差し出せるところです。だから上演プログラムには、現実のテーマである『逃避』『追放』『人間性』などを取り上げてあります」（「FR」紙2015年11月26日付より）

ドイツ通信70回　2016.1.5

アフガニスタンの青年と、シリア・クルド人女性と

宗教、文化、生活習慣の違う人たちが共に暮らせる社会の模索

難民受け入れフィーバーは、秋の深まりとともに終息に向かいつつあり、冷静に現実と対面したとりくみが始まっています。

クリスマス休みの機会に、連れ合いのドイツ語授業に来るように誘われましたから、どんな様子

か興味もあり一緒について行ってきました。

このところメディアでは、市民の難民議論を沈静させ、政府の無能を隠蔽するためか、以前のようにドイツに来る難民の数が報道されなくなっていました。ドイツ内務省やEUからは、夏場のピークが過ぎてその数が減少してきているというような情報が流されていましたが、UNの報告（「Spiegel Nr.52/19.12.2015）ではそれを否定する統計も出されています。どの情報を信用すればいいのか、それを目にする市民には戸惑いが隠せません。同じく情報と統計への不信感は、市民の難民援助活動を停滞させ、さらには混乱させることになります。

全般的な状況は、そんなところです。連れ合いも、私が招待された日に何人の生徒が来るかわからないと、前もって念を押していました。今まで三つのグループを担当したことになります。最初がシリア、イラク、二つ目がシリアのクルド人、イラン、そして現在のアフガニスタンからの難民。最初の二つのグループには、女性も参加していて授業も進み、クリスマスには、そのうちの何人かから携帯にメッセージが届き、連れ合いは喜んでいました。

アフガニスタンからの青年

しかし、現在、行なわれているコースには、アフガニスタンからの一人しか参加していません。26歳の青年ですが、他に誰もいないので、誰にも聞かれないという安心感からでしょうか、連れ合いに自分の政治心情を語ったといいます。アフガニスタンでは、スンニ派とシーア派のイスラム内の対立は問題ではなく、むしろ部族間の対立のほうが問題で、それにアルカイダと外国部隊の戦闘がアフガン社会と市民生活を破壊している原因だといいます。

このへんの情勢は私にも理解できるのですが、それに続いて、こうした現在のＩＳとか軍事紛争は、「イスラエルの陰謀だ」と結論を引き出してくると、もう理解困難に陥ってしまいます。「イスラエルの陰謀」議論は、アラブ諸国でもたびたび聞いたことがあるのですが、私はまだ一度として納得ある説明を受けたことがありません。

その彼が、クリスマス明けに家族全員８人をつれて授業に来るというので、実は、私も招待された次第です。もう少し直接、彼の話を聞いてみたいという興味が持ち上がってきました。

彼はスンニ派のモスレムで、イランに政治避難していたそうです。イランの難民キャンプは、「監獄のようだ」と言います。彼の話によると、シーア派のイランは、スンニ派も受け入れているようです。しかし、その待遇は、想像できるとおり、彼らには冷淡ということです。それが、「監獄のようだ」という表現に現れているのでしょう。

教育も自費になり、おまけにイラン人よりも何倍もの費用を要請され、彼には負担できないのでドイツに来たといいます。さらに付け加えて、「(スンニ派の大国といわれる) サウジでは２００万の難民を受け入れている」というに至っては、どこで、誰から教えられて (情報を入手し)、こうした世界観を身につけてきたのか、話の内容よりはそちらのほうが知りたくなりました。

シーア派のイランに対する感情的な反発はわかります。だとしたら、なぜサウジに政治難民しないのか、という疑問をもつのは私だけではないはずです。サウジが難民受け入れを拒否し、しかし外国人労働者、それも信仰兄弟を奴隷労働させていることは知っていましたが、彼のような話は今まで聞いたことがありませんでしたから、そういう考えをもつ、この人物と家族にぜひ会ってみたくなりました。

シリアのクルド人女性

これに対して、シリアのクルド人女性は自己意識を持ち、はっきりした政治見解を有しているようです。連れ合いが、「なぜ、サウジが難民を受け入れないのか」と話を仕向けたところ、彼女にとっては簡単に答えが出る質問でした。「サウジが仮に受け入れたとしても、女性が車に乗ることが禁止されている国、女性の権利のない国には行きたくない」と彼女は答えたそうです。それには連れ合いも何一つ言葉が返せなかったといいます。

彼女には、イスタンブールにトルコ人の男友達がいて、彼がトルコのクルド地域で仕事をする機会が多くあるそうです。その彼が見たクルド地域というのは、きちんと行政と秩序が保たれ、周辺の紛争とは別に男女参加のもとで平和に社会が組織され、仕事もしやすいといいます。

そのクルド人女性は、まじめにドイツ語授業に参加し、言葉を習得するのも速かったと、連れ合いから聞かされていましたから、この二人の違いは、難民およびドイツ社会への編入という問題を今後考えるとき、現在と将来に大きな課題を提供しているように思われます。

たとえば、モスレムの女性の参加が少なく、社会・公共表面に現れる機会が極端に少ないという問題と共通していえるでしょう。

ドイツ社会編入への大きなテーマ

ドイツ語教室ですが、9時45分には教会の地域共有ハウスに着き、10時からの授業の準備をします。教室は地下にありますから窓を開け空気を入れ替え、暖房を入れ、黒板に「Guten Morgen」と生徒を迎える挨拶の言葉を書きます。机も椅子も揃っていて、子ども用の教材が揃い、遊び場が周辺に設けられ、台所もあり、お茶を入れたり料理をしたりすることも可能です。教室は二つあり、20人が十分に授業を受けられます。施設としては、これ以上ないほど整っているといえるでしょう。

掲示板に目をやると、月曜日から金曜日まで連日、午前、午後、夕方と、ぎっしり難民対応のプログラムが詰まっています。また、25人近いボランティアの名前が書かれています。

私はもっと簡素な施設で授業したことがありますから、「これ以上何が必要なのか」と連れ合いに問い返したくらいです。

クリスマス明けということもあり、連れ合いはクッキーとお茶を入れ、家族を迎え入れる準備をします。

10時10分になっても、まだ誰も来ません。通常の授業でも10時20分ころになって、やっと生徒がポツリポツリとくるそうですから、もうしばらく待つことにしました。いつも遅刻、欠席の理由を、「まだ寝ていた」「洗濯に時間がかかった」とかいろいろ言いつくろっているそうですが、そんなことは言い訳にもなりません。

10時30分まで待ちましたが、その日はとうとう誰も来なかったので、机の上に準備した食べ物や教材を片付け家に帰ることにしました。残念というより、怒りのほうが強かったです。難民に失望したというところです。連れ合いも、「授業風景を見せてやりたかったのに」と本当に意気消沈していました。

これが私の町の難民現状ですが、ここに現在の難民問題がすべて言い尽くされているように思います。

【問題1】

この第一次収容段階の授業参加は義務ではなく、本人の自由意志です。しかし欠席・遅刻に関しては、事前に連絡が可能であるわけですから、本人の都合による一方的なキャンセルは相互の信頼関係を破壊する行為です。それは、どんな社会でも通用しません。

【問題2】

政府の難民手続きの遅滞によって収容施設が手詰まりになってきていましたから、12月初旬頃に政府の下に「移民・難民局」が設立され、その部局が問題解決に向けた作業を担っていくことになりました。それによって「難民認定の可能性の高い」人たちが、日本でいうハロー・ワークの管轄の下で公認のドイツ語授業を受けられることになり、ボランティアの授業への参加は減少することになります。これはいいことです。

しかし、「難民認定可能性」の判断基準は政治的にかなり恣意的で、たとえば紛争中のアフガンですが、ドイツ政府は「アフガンにドイツ連邦軍が駐屯しているから」との理由で「安全な国」と規定しました。しかし、政情不安定だから軍隊が駐屯するというのが一般の常識でしょうが、それが政治には通用しません。

そういうわけですが、こうした国々からの難民は公認の授業には参加できず、キャンプに長期に留め置かれたままになります。

【問題3】

この公認から排除された人たちとともに、新しくキャンプに到着する人たちへのサポートが今まで以上に必要になっているにもかかわらず、ボランティアとキャンプ担当責任者、そして市・行政とのコーディネートが上手くいっていないばかりか、切断され対立しているように思われることです。

キャンプ現場に関していえば、すでに滞在している、そして新しく入所してくる難民に情報を提供し、今後の生活に必要なとりくみの意味を説明して、日々無為に過ごすことを避けるように日常活動を組織していくべきだと思うのですが、収容作業だけで手がいっぱいになっている状態で、そのぶんがボランティア活動にしわ寄せされてきているといえます。

一言でいえば、全体的な組織構造がつくられていない、見えないというところです。そこで難民もボランティアも宙吊りの状態に置かれている、そんな印象を連れ合いの話から受けます。問題の解決をどこで、誰と、どのようにすればいいのか、手がかりがありません。

難民自身が積極的にヨーロッパ社会で共生共存できる道を互いに探る

このように考えると、宗教、文化、生活習慣の違う人たちが一緒に共同して暮らせる民主主義社会の建設にとって、民主主義の啓蒙だけでは物足りず、ドイツおよびヨーロッパの社会に難民自身が意識的に積極的に参加し、共生共存できる社会を相互につくり上げていくことが必要です。それが民主主義建設への唯一の道だと私は考えるようになっていますが、どうでしょうか。

その意味で難民の社会編入とは、同じくドイツ・ヨーロッパ市民の新しい社会インテグレーションともいえるわけです。一方通行ではありません。これを取り違えると、難民問題は極右派に取り込まれてしまうでしょう。

初期の「歓迎文化」（Willkommenskultur）と表現された難民受け入れのフィーバーした段階が終わり、冷静に事実関係と対面した次のとりくみの段階が始まっているといえるでしょう。むしろ、ここで社会編入――インテグレーションの真価が問われてきているように思われます。

3—パリのテロと移民、そして難民問題

パリのテロと移民、そして難民問題

――ドイツ通信71回　2016.10.6

なぜパリ市民社会が狙い撃ちにされたのか

２０１５年１１月のパリのテロの後、なぜパリ市民社会が狙い撃ちにされたのかを考えていました。最初に指摘された理由は、夏から始まったフランスのシリア空爆への報復というものでした。そう言われれば一見納得ある説明に聞こえるのですが、むしろＩＳの戦略から捉え返せば、わからないことのほうが多くあります。ＩＳがイラク、シリアで進めていた戦略は、支配地域の確立で、名称どおり「国家」を確立することでした。実際に、彼らは支配地域で行政組織を確立して税金を徴収し、学校等の社会機構も整備しているようです。

ここが、西側資本と非イスラム社会へのテロを目的としたアルカイダとの決定的な違いであっただろうと思われます。両者の間では、それゆえにかなり激しい軍事対立もあったというような情報を見聞きしています。

では、パリのテロがＩＳの強さを強調しているのか、それとも何か戦略的な転換があったのか。あるいはまた、「国家」が窮状に陥りその打開策だったのか。

一番気になるのが「イスラム国」からの外人部隊の投入ではなく、パリ在住で、フランス市民権をもっている者が実行行為者であることです。それによってヨーロッパ世界の不安がいっそう広がることになります。自分の膝元で、いつ同じ事件が引き起こされるかわからない不安です。

２００５年だったと記憶しますが、パリ郊外の青年が反乱を起こした事件がよみがえりました。パリの街は１９６８年革命（五月革命）の再来かといわれたものです。このときは、１０〜２０代のアラブ系移民の子どもたちの行動で、「二級市民」扱いされていることがその弾みになっています。名前、住所を記入した段階で、すでに社会から差別され排除されて就職の可能性を奪われているのが、こうした移民の子どもたちです。

しかしイスラムとの関係は、指摘されることがなかったように記憶しています。それから7年、どのような変化があったのだろうかと思い、新聞、雑誌で実行犯に関する記事に目を通してみました。そこから浮かび上がってくる人物像は、日常生活では人付き合いがよく、学校では何とか授業についてこられるレベルで、性格は快活で、茶目っ気のある青少年像です。サッカーに熱を入れている者もいます。その青少年に変化が現れるのは、就職が近づいてきたときです。

将来への展望・希望を奪われたことへの反発が、２００５年の反乱を引き起こしている動機ですが、他方ではフランス社会への連帯呼びかけであったはずです。今回のテロは、しかしフランス市民を敵に回したところに閉鎖性と非道性を感じさせます。それによって恐怖感がいちだんと凄みを増しているといえるでしょう。

将来への展望・希望を奪われた移民の若者たち

口を開いて何かものを言うことが億劫になるのは、それゆえだと思われます。私は、どこかにこの問題に接近できる取っかかりがないものかを捜し求めていました。

パリの中心地の華やかさと比べて、アラブ系移民が住むパリ郊外はゲットー化が進んでいます。インフラは壊滅状態で、青少年たちの文化生活を保障する条件も解体されています。コンクリート造りの簡易高層ビルに住むのはアラブ系住民で、その団地風景は、DDR（旧東ドイツ）となんら変わりがないほどです。パリ当局は、問題に気づきながら長年にわたって対策を怠ってきました。

このようなことは、同じような事件が起きた時にいつも指摘される事柄です。2005年の時もそうでした。しかし、それにフランス社会と政治は応えることができなかったのではないでしょうか。

そうした青少年たちは、それによって社会と人のつながりを拒否し、同じく、自分の内部に引きこもっていきます。そこにはまだ宗教的な傾向を見ることができません。それは、窃盗、暴力事件等を犯し有罪判決を受け、監獄で知り合った仲間の影響から初めて現れてきています。私の記憶に間違いがなければ、フランスの監獄に収容されている人の80％は、イスラム原理主義関係者だといわれています。要するに監獄がイスラム原理主義を生み出しているといえるのです。

この経過が語るのは、〈モスレムのイスラ原理主義化〉は確かに世界の全体的に認められる事実だとしても、それは今回のテロの分析の一面を言い当てているだけで、根本的には〈急進化運動のイスラム主義化〉にも焦点が当てられるべきではないかと考えています。

この二つはまったく異なる事態でありながら、社会的な解決を見るときに大きな意味をもってくるように思います。

社会の自由を奪われた者が、自由の抹殺にテロを発動したことになり、パリで起きた1月のテロ、11月のテロは、実はそういう意味をもっているように考えられるのです。テロの標的になったのは、週末の自由を謳歌しているフランス市民でした。

開かれた社会を建設することによって、テロの根を断つ

こう考えていくと、課題の所在が難民・移民問題にあることが見えてきます。フランスが選択した〈戦争への道〉は、それゆえに市民社会の自由を拘束し、テロを煽ることになりはしないでしょうか。むしろ逆に、市民社会の自由を解放する方向性で、開かれた社会を建設することによって、テロの根を断ち切るべきだと思います。

シリアへの空爆は、難民を減少させないばかりか、今まで以上の難民をつくり上げる結果になるでしょう。今でさえ対応不能なEUは、それによってますます分裂を深めていくほかありません。イラク、シリアのISテロの根拠を取り除くというEU政治指導者のアピールは、聞こえはいいですが、自国足元の難民・移民対策が空振りに終われば、現実性のない単なる理想論という域を越えないで、実際には戦争とテロの勢いを増長させるように思われるのです。

同じくEUの政治家から語られる「ヨーロッパの価値を守ろう」というアピールは、基本的にはキリスト教精神以上には内容が読み取れなく平坦で、モスレム—難民の排除を意図したものとしか

受け取れないのです。それに対してイスラム派は「十字軍」批判を声高に叫ぶことになります。

極右が台頭してくる背景には、難民締め付けを目的とした政治動向と軌を一にしています。フランスを見れば、数年前からの保守派、社会党両政府下でのシンチ・ロマ国外強制追放政策が現状の引き金になっているのが認められます。

フランス革命─反ナチ・レジスタンス─戦後ヨーロッパ民主主義を牽引したフランス、そして、その矜持に植民地、移民・難民をめぐる過程に何かの陥穽をみることとは、私の単なる思い過ごしなのでしょうか。

15年ぶりに訪れたマラケッシュで見たもの、感じたもの

――ドイツ通信72回　2016.1.13

モロッコの治安体制

2015年12月31日から2016年1月7日まで、モロッコのマラケッシュに行ってきました。他のアラブ諸国が、ほぼ入国不可能な状態になっているなかで、今なお唯一安全に歩き回れる街で、「アラブの春」から現在のISテロにさらされるアラブの社会と人びとの生活の一端を自分

の目で確かめてみたいと思いました。これで4回目になります。

最後にマラケッシュに行ったのは、もう14、15年前。アラブへの興味を持ち始めた時期にあたります。そのときは、友人の紹介で元ドイツ大使館員の家にお世話になり、興味ある話を聞くことができました。また、モロッコ料理の一つであるクスクスの作り方を習いたいといって、台所に入れてもらいもしました。

コックさんは地元の女性二人で、私にたまねぎやジャガイモの皮をむく仕事を与えてくれますが、肝心の本料理に関しては、「それは私の仕事です」と、傍で見ているように笑顔で言いつけてきます。そこには妥協の余地は微塵もありません。私は、彼女たちの周りを、手を後ろに組んでうろうろと動き回るだけでした。その間に、雑談をしながら材料をこうして煮込んで、味付けはこうしますと、親切に教えてくれるのですが、手出しできる雰囲気ではありません。料理は女性の役割と決まっているからでしょう。

いい匂いがしてクスクスができました。「それでは、後片付けは私がします」と言っても、「ダメダメ、これは私たちの仕事」と言って、付け入る隙がありません。

その翌日、街の散策から家に帰ってきたら、部屋の前に大きなケーキ箱が置かれてありました。箱の上にはメモが張られてあり、料理を手伝ってくれたお礼だというのです。ケーキをもらってお礼を言ううれしそうな顔の私を、二人のコックさんはニコニコと笑顔で見ていました。

それから15年近く、その後、何が、どう変わったのだろうか

マラケッシュに着いたのが、大晦日の深夜近くになりました。宿泊所からのピックアップはあったのですが、私たちが予約した観光の名所になっている旧市街の広場（Djemaa el Fna）に近いところとは別の場所に連れて行かれ、これが大騒動の始まりになります。詳しいいきさつは省略しますが、観光警察（ツーリスト・ポリス）に駆け込み、宿泊料金を全額取り戻し、新しい宿泊所を見つけなければなりません。おかげで、この過程でモロッコ―マラケッシュの治安体制の一部始終を体験することになりました。

1月1日に、もう一度宿泊経営者のフランス人に直談判しますが埒が明かず、結局は警察に話を持ち込んだところ、事情をよく理解してくれました。

警察主任が電話でこのフランス人を呼び出します。本当に来るのかどうか、私たちには半信半疑でしたが、15分ぐらい経ったでしょうか、不安げな顔つきの彼がノコノコと出かけてきました。私たちが、呆気にとられたくらいです。ありもしない嘘で固めた話を再び始めますが、担当捜査官は最後に私たちの主張と権利を認め、彼から巻き上げられた宿泊料金の全額を取り戻すことができました。

興味があるのは、西側世界ではまず調書が取られます。そして書類づくりです。しかしここでは、双方の直接の話し合いだけです。そして、電話一本で呼び出しをかけ、結論を引き出します。必要なのは、パスポートだけ。

この事情聴取の間に、実は、何人もの私服警官が建物を出入りしています。警察署が広場の縁に

置かれており、世界からの観光客を雑踏のなかでの窃盗、詐欺、暴力事件、さらにテロ攻撃等、さまざまに予想される犯罪から守るために、頻繁に交代で動員されている秘密警察官でした。

この話は、元大使館員からも聞かされていましたが、実際に見るのは初めてでした。その後、街中を散策していても、それらしき人物を目にとどめては、「あっ、ここにもいる」と、人と街を見る目が違ってきたものです。

この話を新しく見つけた宿泊所の経営者に話したら、たいへん気の毒がられ、35ユーロの宿泊料金を30ユーロにしてくれて、おまけに朝食は「私からのプレゼント。ごゆっくり旅行を楽しんでください」と親切にしてもらいました。さらに彼は、「そんな人たちだけがモロッコ市民ではなく、違った人のいることを知っていただきたい」と、こちらが恐縮するくらいでした。続けて『神のお恵みで』という表現を知っていますね」と。これは、そういう耐えられないような嫌な体験なしには、素晴らしい出会いがないということですよ、と諭されて納得したしだいです。ラクダを引き連れた砂漠の商人たちは、実際にそういう体験を、あちこちでしたのでしょう。

そのホテルのオーナーと話の成り行きで、「これだけの人ごみで、他のアラブ諸国で見られるようなテロが起きていないのは幸運ですね」と持ちかけてみました。以下、興味ある彼の意見をまとめてみました。

▼モロッコは王国。

▼市民は貧しいから、富の分配をめぐる対立はない。逆にアラブ産油国のように富があれば対立

が激化する。それゆえに、そのような社会紛争はモロッコにはない。
▼マラケッシュを例にとれば、街をブロックに分け、そこには秘密警察の連絡員が配置され、住民一人ひとりの監視・連絡網が確立されている。何か不審な事態が起きれば、すぐ中央に連絡される体制になっている。
▼ISのようなテロを受けて、特に観光分野の経済が破壊されたくない。
それに付け加えて、「市民一人ひとりが秘密警察ですよ」との説明を受け、電話一本でフランス人詐欺経営者が警察まで呼び出された意味がわかりました。

この構造は、しかし私がその他イスラム各国に行ってみた経験では、イランおよび他のアラブ諸国でも同じようなものではないかと考えられます。

イスラム化の進化、一方での女性の社会進出

街の中で目についたのは、イスラム化が極めて根強く進化していることです。金曜日ミサになれば、広場や通路にムスリムの信仰者が集まり、アスファルトの地面に土下座してアラーに祈りをしている姿は、これまで見たことがありませんでしたから驚きました。

宿泊経営者の彼が言うように、貧困は最初に訪れた過去20年前に比べてもはっきりと増加しているのが認められ、それが社会紛争の起爆剤にならないようにイスラムが、王国の下で市民の統合手段になってきている、あるいは政治利用されているのではないかと考えられますが、それを裏づける資料はありません。あくまでも私の個人的な推測の域を出ませんが。

もう一点は、女性の社会への進出です。レストラン、飲食店の店頭では、女性が小麦粉を練って鉄板の上でパンを焼いていました。それ以外にも、街中で仕事をする女性の姿を見かけたのが印象に残りましたが、だからといって女性の自立、解放が進んでいるということではなく、これはイスラム化の過程で、従来は家事が仕事と決められ、公共の場に出て来る機会のなかった女性の役割が、女性自身にも男性と同じく信心深いイスラム信仰が可能であることを強調する一面といえるでしょう。

マラケッシュの写真博物館にみるユダヤ人問題

私たちが今回の旅行で、ぜひ、見てみたかったのは、２００９年にオープンした写真博物館*です。１８７０年代から１９５０年代までのモロッコの歴史が、民族、文化、風景、伝統、生活様式を収めた写真で展示されています。年代を政治的に規定すればフランス―ヨーロッパ帝国主義のモロッコの植民地化から独立までです。写真を撮ったのはフランス、イギリスの植民地主義化と戦争に従軍したカメラマンです。

＊ La Maison de la Photographie de Marrakech
http://www.maisondelaphotographie.ma

まだオープンして間もないからでしょうか、博物館案内のパンフレットがありません。しかし、一枚の解説書を手にして、ユダヤ人の歴史を知ることができました。アラブの国でユダヤ人の歴史がこうして公式に記録され、保存されているところは、今までも見たことも聞いたこともないので、何回も何回も読み返しました。これはフランスの影響でしょうか。マルセーユの元強制収容所が博物館としてオープンしたのも、時期的には同じですから、決して偶然ではなく、また私の思い込みでもないと思われます。

以下に、私の理解できた範囲でまとめておきます。

▼11～12世紀にイスラム教の影響を受けてオリエンタルな文化が、スペイン南部のアンダルシアを中心に　スペイン全域に広がっていきます。

▼しかし15世紀になるとスペインは保守的なカトリックの支配下に入り、ムスレムと共にユダヤ人がモロッコに政治逃避・亡命*してきます。

＊　1492年にFes,Mekmes,Tanger,Tetoua の街に居住地をつくります。

モロッコの国王はユダヤ人の技術、文化、学術、学問を国家建設に必要とし、彼らを保護します。モロッコの地でユダヤ人は、精神的物質的な指導力を築き上げたといわれ、北アフリカにヨーロッパ的な影響を与えます。ヨーロッパへの窓を開けたといえるでしょう。ユダヤ文化が開花した時代だといわれます。

▼しかし19世紀には帝国主義の植民地化が始まり、フランスがモロッコに学校を設立することによってフランスの影響を受け、1912年には、モロッコはフランスの保護領国になります。植民地支配の必要性から、フランスはユダヤ人所有の金融・銀行に依存していくことになります

から、国王の下でのユダヤ人保護は引き継がれていきます。
▼1940年、ナチス・ドイツがフランスを支配したことにより、ナチ協力のフランス政府（ヴィシー政府）は、ナチと同じく人種法を導入しようとしますが、モロッコ国王の抵抗にあいながらも、それでもユダヤ人市民の権利を制限していきます。
▼1956年、モロッコ独立。
▼戦後は、1948年のイスラエルの建国に続き、1967年の中東戦争による政治状況の不安定さからユダヤ人のイスラエルへの移住が進みます。現在、約5000人のユダヤ人が、まだモロッコに居住しているといわれます。
▼モロッコに残った少数のユダヤ人は、戦後のモロッコの独立国家再建にムスレムとともに加わり、彼らには同等の権利が保障されているといいます[*]。

＊ hagalil.com jüdisches Leben online を参照

ユダヤ人が住んだ街区に足を運びましたが、どこか寂しそうで今では当時の面影が見られませんでした。

以上ですが、何を歴史から学ぶのかということです。上記には歴史の事実関係に誤解と誤記があるかもしれませんが、歴史は一つの平坦な発展ではなく、人に知られることなく、忘れ去られてきた要素が入り乱れ、入り混じながら、そこにそれを破壊していく要素も秘められているということでしょう。

歴史をいろいろな角度から立体的に再構成していくなかから、新しい認識が可能ではないかと考えて、あちこちに出かけています。

ケルン、フランクフルト他で女性への集団暴行・性虐待が

――ドイツ通信73回　2016.1.18

大晦日、同時多発的に引き起こされたものは……


モロッコのマラケッシュからフランクフルト空港に戻ってきたのは、2016年1月7日の夕方遅くになりました。空港内で食事をしながらテレビを見ていたら、ケルンのドームが映し出され、ドーム前の広場が警官と男性集団の入り乱れる騒然とした映像が流されていました。こうした騒擾においては警官と群集が対峙するというのが通例ですが、この時ばかりは警官が群衆の前に為す術がなく、呑み込まれてしまっているというような印象が伝わってきたものです。その間に、ニュース解説者の「難民が」という声が聞こえてきます。大晦日の夜に、難民に何が起こったのかと驚かされた瞬間です。

それから今日まで、メディアの情報、あるいはテレビの政治討論番組に釘付けになっていました。

連日、ドイツはこの話で持ちっきりです。

友人に会っても、この事件の話が出ない日はありません。それほど、事件の衝撃は大きいです。また同じく、ドイツ社会と市民を傷つけています。言いようのない苦悩が広がっています。世界に開かれたドイツ―ケルンの街が、ここからどう立ち直っていくのか。

事件は、大晦日の人出に照準を当てた「女性への集団暴行、性虐待」です。犯行者が誰で、なぜ、という当然の疑問がわき上がってきます。

ここで情報の糸が乱れてきます。当初から使われていた表現は、「北アフリカ系で、アラビア語を話す」男性グループと報じられていました。このもって回った情報は、メディア報道によって、現在の難民政策に影響を与えないようにとの配慮が見え隠れしています。実際に、ZDF（ドイツ第二公共放送局）は、民放を含む他の局が事件直後に大々的に報じているなかで、報道の自主規制をしていました（ZDFの編集委員長は、すぐに自己批判しています）。それがまた、市民の中につかみどころのない不安を植えつけることになります。さらに、被害女性の怒りを買うことになります。当たり前です。事実関係がウヤムヤにされようとしているからです。

警察、内務省関係からも、明確な情報と確認の言質は取れません。怒りと議論は、それによってますます沸騰していきます。経過的に、この辺りから私も直接、この事件に関わっていくことになります。情報を集めれば集めるほど、「難民の事件」という捉えられ方に疑問がわいてきました。

以下は、現在（2016年1月）、情報と議論が錯綜するなかでの、確定はできませんが、私の考えていることを書いて見ました。それ以下でも以上でもありません。

「北アフリカ系で、アラビア語を話す」男性グループの実体は

では、この〈「北アフリカ系で、アラビア語を話す」男性グループ〉の実体は何か。その後、ジャーナリストやメディア情報部が、独自の追跡調査をしているように思われます。そこではっきりしてくるのは、モロッコ、アルジェリアそしてコソボ出身のグループです。しかし彼らは、私の認識では、現在の「難民」ではありません。

特にモロッコに関しては、ちょうど、一週間前に滞在していただけに、その奇遇さに驚き、また、政府も「安全な国」と規定しているわけですから、現在の「難民」と結びつけることの危険性は大きいです。とりわけモロッコの青年が、貧困生活から逃れて祖国を離れるのは、将来への希望と展望が持てないからです。いってみれば、「経済難民」です。彼らは、数年前にバルカン・ルートで、ドイツに不法に入国してきたといわれます。

したがって、彼らのグループは「難民申請」を拒否され、しかし今日まで祖国強制送還を逃れてドイツに滞在していますから、もちろん仕事に就けず、生活援助も受けられないので、同じようなグループが集団をつくり、一般社会とは別に、シンジケートといっていいような裏社会をつくり上げることになります。窃盗、恐喝等を繰り返しながら生活を続けているといわれます。数年前から、ケルンのドーム広場周辺で、そうした犯罪を繰り返してきた事実も指摘されています。

以上が何よりも重要な点で、それに難民—現在の難民も参加した事件であるのがわかります。大晦日には、全体で1000人のグループに膨れ上がっていました。

事件に至る経過は、次のようです。

——12月31日20時ころになると、中央駅前、ドーム広場には多数の、「アラブ系と見られる」男性が集合し始め、階段等の一角を占拠するようになった。時間とともにその数は増えていきます。ただ、その動向は、単なる自然発生と思えないような兆候が見られることです。10~15人くらいの小グループに分かれた、計算された動きが読み取れることです。

——22時ころになると、酒を飲んで酔っ払ったアラブ系と見られる男性集団が、ドーム広場で花火、爆竹を打ち上げ始め、騒然としてきます（大晦日の花火、爆竹は、ただ、深夜0時から30分間だけ許されています）。

——22時30分ころから0時30分ころにかけて、この男性集団が、ドーム広場から駅までの道路を占拠し、一般の通行人が自由に通れなくします。

そこで事件が起きます。女性が男性集団をかき分け、通行しようとする際に、この男性集団が、女性の自由を奪うようにして、携帯、貴重品等を奪い、混乱に乗じてさらに多数で「集団暴行と性虐待」を犯すことになりました。

ケルンでは、これまで500人以上の女性の被害届けが出されています。

それに加えて私が驚いたのは、ハンブルクでも同じ時間帯に、同じ事件が起きていることです。

ハンブルクでは、これまで約200人近くの被害届け（この数字に関しては再確認が必要です）が出されているといいます。それだけでは終わりません。同様の事件は、規模は小さいといえビールフェルド、フランクフルト、シュトゥットガルトでも報じられています。

ドイツ国外でもそうです。デンマーク、スウェーデン、オランダでも同じ事件が引き起こされています。

そこで、この国別をよくよく考えれば、ヨーロッパで難民を積極的に受け入れてきた、開放的な民主的な国と自他ともに認められている国々であるのがわかります。

ここに私の疑問と推測の根拠があります。

1000人もの人間、しかも外国人を同時多発に国内外で動員することは、誰が考えても自然発生的には不可能なことです。

すでに数十人が、警察に逮捕されているようです。その内訳は、ほとんどがケルン圏外からの参加者で、その中には、アメリカ人一人とドイツ人二人が含まれているといわれます。加えて事件の態様には、共通性が認められることが、私の疑問を深くします。

状況は、まだほとんど解明されていません。以下に、私なりにいくつかのポイントを書きとどめておくだけにします。

何が問題か

――いうまでもなく、「女性への集団暴力、性虐待」の事実の全貌が究明され、犯行者は、国籍、宗教、人種を問わず追及されなければなりません。それを被害者と市民は、心底期待しています。

――私は今回の事件は、以上の経過から事前に準備された組織的な犯行だと考えています。通信手段とネットワークが発達したといえど、これだけの動員と行動を組織するためには、何らかのセンターあるいは中心的な人物が必要になってくるでしょう。そう考えたほうが自然です。事前の意思一致がなければ不可能な行動です。グループの移動の仕方にそれが認められるのです…。

――社会からドロップアウトした犯罪者集団の組織行動といってしまえば簡単ですが、しかし、それが一定の政治目的と意思に結びついたときの危険性は見逃すことができません。情報を収集していると、その目的が、現在の難民問題に絡んでいると思わざるをえないのです。証拠はありません。事実の究明が、この点も含んで進められることを願うしかありません。

その目的ですが、ドイツ社会に混乱を持ち込み、反難民＝反モスレムを扇動することによって、ドイツでの政治対立を煽ることにあるといえるでしょう。

――しかし、難民が混じっていたという事実から、それ見よがしに現在の難民問題が議論されることには、最大の注意を払うことが必要です。ここでの問題は、モロッコ、アルジェリア、コソボからの不法入国で難民申請を拒否され、シンジケートというような裏社会を形成している者の失敗したインテグレーションが、まず、議論されなければならないでしょう。それは、現在の難民受け入れの内実に関わってきます。同じ誤りを繰り返すのか、どうか。それはまた、市民の不安要素になっています。

――「犯行者」は即時に祖国強制送還を受けるべきだという議論は、それはそれで正しいですが、私がそうした議論になかなかついていけないのは、時として、難民と宗教問題を今回の事件に関連させ一緒くたにした議論であるからです。逆にいえば、だから難民とモスレムを受け入れたのが間違いだ、という結論を引き起こしかねないからです。将来起こりうる事態を予見しているとの危機扇動から、ハーメルンの笛吹き男の笛の音が聞こえてきそうです。極右派のほうから、事実はそのように仕向けられてきています。

――この背景にあるのは、アラブ人・モスレム男性の女性への抜きがたい不信です（両性観）。エジプト―カイロの民主化運動のときに、アメリカの女性記者が「解放広場」に集まった男性の群集に囲まれて一人孤立させられ、一般衆目の下で集団暴力と性的虐待を受けている映像がありました。誰も止めに入ろうとはしません。明らかに性リンチです。それが事件後、テレビで何回も流され、アラブ人・モスレムに対する恐怖と怒りが改めて強調されています。民主国家とは相容れないアラブ人・モスレムへの文化と行動規範が浮き彫りにされます。この違いは、紛れもない事実です。

――それゆえに、ケルンでの集団暴力と性虐待に対して、難民―モスレムは、はっきりした態度表明を行なうべきだと考えます。「コーランは平和な、性虐待を許さない宗教だ」といったところで、責任説明にはなっていません。歴史的な男権社会と批判の許されない宗教信仰への正面からの実践的なとりくみ、言ってみれば自己解放闘争が、今こそ必要でしょう。それが信頼を勝ち得る唯一の道だと思います。

――一方で、この文化的な違いはすでに認められていたところで、シャリア＝イスラムの宗教法を含む国家法制上の違いも含め、これまでのドイツの難民政策では、むしろ積極的な議論を避けてきた節があることです。６０年代から９０年代までのドイツの難民政策を見れば、経済利益を優先し、後には多種多様文化を強調するあまり、相互の違いの議論は回避されて、その過程に入ってみればドイツの理想的な願望――こうなって欲しいという希望的観測が表立っていたように思われます。

ドイツ社会の強さとは、私が思うに、ここでは政治評価は別にして、１９６０年代後半から７０年代にわたってのＲＡＦ（ドイツ赤軍派）のテロも含み、時の政治テーマをめぐっては、学生、労働者、市民が立ち上がり激しい政治対立を繰り返してきたことにあるでしょう。街頭闘争は、民主主義への警鐘だったでしょう。政治が右に向かえば、すぐに左からの反撃がありました。その伝統は失われていないと思います。政治対立がドイツ社会を強めてきたともいえるでしょう。対立は、弱さではないのです。

そうしたドイツが、この十年来、首相の座にいるメルケルの下で脱政治化が進められ、社会が停滞し身動きできなくなっているのが現状だと思います。

ドイツ社会と難民の対立、論争を含む、共同したとりくみこそが今一番求められているように考えています。それのできることが、また、ドイツの民主主義といっていいでしょう。

極右派、反難民＝モスレムとの対立が激化していくでしょう。そのとき、隙を与えないために私の論点を書きました。

難民問題への「政治的配慮」とは

いくつかの新しい情報です。

「北アフリカ系でアラビア語を話す」男性集団ですが、ここ一週間ほど前から、「チュニジア」の名がメディアに公然と掲載されてきました。それ以前は、話の中で触れられていただけで、こうして活字になったのは、難民の出身国そして難民問題への「配慮」を取り払い、事実関係に向き合うようになってきた、ひとつの証でしょう。

これで、モロッコ、アルジェリア、チュニジアの北アフリカ系が確認されたことになります。それにバルカン系が加わりますが、連れ合いの友人である教員をしている彼女も難民援助活動をしていて、彼女の話では、コソボ、アルバニアからの難民は、衣類の提供を受けながら、それを売り払って小銭稼ぎをしているといっています。これは、昨年（2015年）の9月ごろから、すでに明らかになっていたことで、私の町のキャンプでも、彼らが、シャワーを自分たちの管理下におき、他の収容者から一回1ユーロの使用料を取っていた事実があります。周知の事実にもかかわらず、政治「配慮」から報道され、議論されることはありませんでした。

周知の事実にもかかわらず、政治「配慮」から報道されないこと

しかし、こうした「配慮」が取り払われたこととともに、新しい事実が浮き彫りになってきています。

〈スウェーデンの例〉

年末年始のコンサートは、スウェーデンでも恒例になっています。２０１４／１５年のコンサートに際して、ケルンと同じような「性虐待」のあったことが、警察官の告発で明らかにされました。当時、現場で警備中の警官が、アフガンの青年たちが混雑にまぎれて、女性を狙い撃ちにした「性暴力と性虐待」を目撃し上層部に事件を報告しますが、警察本部はその社会への波及を配慮して、事実をもみ消しにします。今回のケルンの事件を受けて、この警官が事実を公表し、スウェーデン政府、治安関係者の情報操作と捏造を告発することになりました（ＡＲＤ＝ドイツ第一公共放送局）。

告発した警官の目的は、事実と向き合い、難民問題をきちんと議論することの必要性を訴えたかったのだと思います。これは、現在、何よりも一番必要な作業だと思われるのです。

人出でごった返すコンサートの状況は、アフガンの青年たちには格好の機会であったでしょう。音楽を通して自由の楽しみを実感・謳歌するのではなく、逆に自由を楽しむ人たちを性リンチにかけていく文化の違いは、社会と人間関係の止まることのない分岐を促進していきます。人間不信に陥るでしょう。

犯行内容は、ケルンとなんら変わりがありません。異なるのは、周辺状況です。ケルンにはそうしたコンサート状況は成立していなかったでしょう。そこで、そういう状況をつくり出すことが必要です。それが２０時ころからの〈「北アフリカ系でアラビア語を話す」男性集団〉の動きであったように、私は現在考えています。事件は、したがって単発ではありません。その前段をもつ、意思一致のあった組織的な行動だというのが、それゆえに私の判断になります。

〈リトル・カサブランカ〉

ケルンから電車で20分ほどのデュッセルドルフの駅前には、北アフリカ系の溜まり場となっているカフェがあります。そこが、数日前に警察の強制捜査を受けることになりました。この溜まり場は、すでに2014年ころから知れ渡っていたところで、「薬物売買」等で、犯罪の温床になっていました。店の経営者、また地域の人たちは、「何で今さら」というものから、拘束された被疑者がすぐ釈放されたことによって不安を隠しきれない反応までと、いろいろ物議をかもし出しています。

しかし共通しているのは、今まで、誰もがその事実を知りながら、それについて語ろうとしなかったという一点です。この間、警察も黙認していましたが、ケルン事件を受けて、スウェーデンと同じく警官が内部告発しました。

以上二つの情報には共通点があります。一つは、警官の内部告発によって、難民生活の実態が明らかにされていることです。もう一点は、難民問題への「政治配慮」によって、情報操作、捏造、揉み消しが数年来にわたって行なわれてきた事実です。

これがケルン事件の当日、警官自らが為すすべなく混乱状況に陥った背景でしょう。アラブ・モスレムへの文化的な知識が欠落していることが、ケルンでの20時以降の対応に適切な行動が取れなかった原因だといえます。その結果は、被害を受けた女性達が警官に助けを求めても、「警官は、真に受け取ってくれなかった」ことになります。

それに拍車をかけるのは、連邦警察と州警察の連携が取れていないことです。たとえば、つい最近、パリの警官を襲撃した実行犯はドイツの難民キャンプに登録され、その間にいくつかの犯罪暦も記録されていたといいます。ＩＳテロリストが難民に紛れてヨーロッパ各国へ入国してくる危険性は、前から指摘されていたところですが、情報をめぐる州と連邦の密な連携はいまだに取られていないのが事実です。それによって、難民の行動範囲と軌跡がつかめない現状になっています。

信頼が地に堕ちた警察に代わって台頭する「私兵組織」

そこから新しい動きが起こり始めています。

政治・警察・治安関係者への信頼は地に堕ち、「市民防衛隊」（Buergerwehren といいますが、ここでは「市民防衛隊」と訳しておきます）が組織されてきていることです。〈祖国を守り、モスレムの性リンチから、ドイツ女性を守る〉ための運動と彼らは自称しています。２０１５年には、特に旧東ドイツでその存在が認められ、ケルン事件の後、活発になってきています。もちろん、旧西ドイツにもありますが、警察は、「ＰＲ用のギャグ」と端から相手にしてこなかったツケが、今に回ってきたようです。同じ組織は、フィンランドにも組織され、ヨーロッパは、これから右傾化を強めていくことは間違いありません。

では、そうした右傾化の流れがどこに収斂されていくのかということですが、ドイツを見ればＡｆＤが、その筆頭になってくるでしょう。今年（２０１６年）は３月に三つの州議会選挙が予定されています。現時点（２０１６年初頭）でのＡｆＤの得票予測は８〜１２％といわれ、彼らが議会に進出すれば、ドイツの政治地図は大きく変わってきます。

4―ユーロ危機と難民問題は切り離すことはできない

州地方選で伸長する極右派ＡｆＤ

ドイツは何を選択するか

一昨日（２０１６年3月6日）は、ヘッセン州の地方選挙がありました。市町村議会の選挙で、選挙前から関心が高く、雪混じりの小雨模様の中、投票に向かったのは午前１１時ころからですが、今回はいつになく投票場に向かう人たちの多いのが目につきました。テーマは、難民と極右派の動向です。これはまた、ドイツ連邦の政治を反映しています。地方、各地の選挙テーマは争点にならず、連邦政治が市民の判断にかけられたことになり、関心が高まったのだと思われます。難民受け入れで、現場の最前線に立たされているのが地域の人たちですから当然です。

すでに周知のように、難民問題をめぐってＥＵは分裂し、ドイツの意見もはっきりと分かれています。特徴的なのは、国内の意見の違いが従来のように政党間の対立ではなく、党内の意見対立になっていることです。

メルケル首相の方針になる「ＥＵ域内での難民問題解決とトルコに国境管理をさせ、それによってトルコからギリシャへの難民流入を防ぐ」に対して、ＣＤＵ党（ドイツキリスト教民主同盟）内およびＣＳＵ（キリスト教社会同盟）からはメルケル離れと批判が声高になり、彼らのほうからは、ナショナルな問題解決と難民受入数の上限を提案して、議論は抜き差しならないところまできています。たとえば、オーストリア等のように国境を封鎖し、ドイツの受け入れ上限を年間２０万人にすると主張しています。

メルケルがそれに持ちこたえられるのかどうか、その後任者探しの議論も密やかに進められているとも伝えられています。

これに対して、他の政党はというと、メルケルの方針を支持するという構造です。今週の日曜日には、三つの州議会選挙が行なわれますが、ＣＤＵ候補はメルケルと一線を画して、右派・市民の不安を吸収しようとすれば、他の政党はメルケルの難民政治を援助し、極右派に対する中間層からリベラルな票の獲得を目指す、という選挙戦術になっています。他党派がメルケル支援に回るのは、それによってＣＤＵ内の党内対立と亀裂に楔を打つことですが、しかしメルケルと同様に、方針と解決策は示すことができません。

極右派Ａｆｄの大勝

この間隙を縫って極右派（ＡｆＤ）の伸張があるということになります。今後、どこまでＡｆＤが得票を伸ばすのかに関心が集まってきていました。

複雑な投票制度によって開票が遅れます。それでも午後9時ころにはある程度の傾向が読み取れるようになってきました。それから深夜までテレビの前に釘付けの状態でした。

ＡｆＤの得票率に目がいきます。どこでも１２～１５％を獲得し、予想外の結果になりました。

ところにより20％近くの得票率です。私自身は、8〜12％ぐらいを予想していましたから、状況を完全に甘く見ていたことになります。逆に言えば、それだけ政府の難民政策への批判が根強いということになります。

選挙結果の全体が明らかになるのは水曜日ころですが、今までわかっているところをまとめると以下のようになります。

①極右派AfDの大勝

②CDUからAfDへの票の流れ

③「緑の党」の大敗（前回の2011年には、フクシマ原発事故を受けて「緑の党」が大勝しますが、今回はある意味では、元のレベルに返り咲いたことになります）

ここからいえることとは、CDUの党内対立およびCDUとCSUの姉妹党対立にもかかわらず、他の既成政党がなんら得票率を伸ばすことができず、AfDが市民の不安、批判意見を収拾したことになります。これを「プロテスト（批判）票」と見る傾向が一般的ですが、それに収まらないところに、今後の政治動向の危険性が秘められているといっていいでしょう。

政治地図がこれによって大幅に変わってきます。従来のCDU－「緑の党」、SPD－「緑の党」、CDU－FDP（ドイツ自由民主党）という既成4党内での二党連立政権が不可能になったことです。三番目の政党との組み合わせが必要になりました。

今週の日曜日に行なわれる三つの州議会選挙でも、同じ傾向が認められるのではないかと思います。その結果次第では、メルケルの進退が問われてくるでしょう。メルケルには「プランB」がないというのが政治家やメディアがしている批判ですが、私の批判は、メルケルにはそもそも「プランA」がなかったのです。

そんなあわただしい選挙日でしたが、投票後、イラクの難民の一人に会って、彼の家に招待されイラク料理をご馳走になってきました。このときばかりは久しぶりに気が晴れました。詳しい話は、また追って書きます。連れ合いも、ここで音を上げることはできないといって踏ん張っています。

州議会選挙——切り離せないユーロ危機と難民問題

——ドイツ通信76回　2016.3.14

「スーパー・サンデー」といわれる三つの州議会選挙を直前にして、ドイツの難民問題について私の意見を少し書いてみます。

日本でも間違いなく報道されるでしょうから、ドイツ－EUの現状を知るうえでの参考にしてもらえたらと思います。

この間、テレビの政治討論番組をくまなく見て、新聞・雑誌の関連記事を一つも見落とさないようにと読んでいましたが、そのうちに、いい加減に嫌気がさしてきたものです。政治家から語られる話はいつも代わり映えがしません。同じ意味の話を、あれこれ手を変え品を変え繰り返しているだけです。関連記事にしても、事実関係の経過はよくわかりますが、そこからどういう可能性が引き出されるのかがよくわかりません。

しかし、一般的にメディアの基調は「メルケル政治の破産・危機」というもので、そこには首相退陣を迫る意図も読み取れなくもなく、かなり刺激的な表現になってきています。その防衛に政府・政治家が躍起になっていることが議論の発展を阻み、逆にまた、極右派、ネオ・ナチグループの運動に油を注ぐ結果を招いているといえるでしょう。

このメルケル政治への圧力を、彼女自身も感じているのでしょう。昨年からこの2月にかけて、すでに3回もテレビ政治討論番組に一人で出演し、司会者からの質問に答える形で自分の意見を述べていました。国民を納得させる必要性を感じているのでしょう。

私は最初の一回目を見ただけで、後は新聞記事で内容を追っていました。一回聞けば、二度と見る気がしなかったものです。彼女は、それまでそうしたテレビ出演をかたくなに拒否してきただけに、そこまで追い込まれている証と見ることもできます。

私の気になるのは、そうした政治指導者としての緊急な政治信念と方針は、議会と政治の場で行なうべきもので、公共放送局を使ってするべきものではないということです。国民は意見の違いから、議論の必要性を感じているのです。それが面と向かってできないことは、民主主義の原点を破壊するものといっていいでしょう。

「メルケル政治の破産・危機」

強調されていた内容は、

①難民のヒューマンな受け入れ

②政治・経済的に安定しているドイツは「やり遂げられる」――（これは有名な一文で、ドイツ語では「Wir schaffen das!」ですが、これはアメリカ大統領オバマの「Yes,we can!」からのコピーです）

③EU全体での難民問題の解決―EU域内の国境は閉鎖しない

④トルコとの交渉・取引―トルコで難民を食い止める

これくらいの記憶しか私には残っていません。メルケルにとって「お母ちゃん」＝母親というイメージで支持を集めていますが、そのイメージを植えつけることにはいくらかの効果があったかわかりません。しかし、聞こえはいいですが、結局は、いつものように内容的なものは何も語られていないのです。

それに反して私の印象に強く残っている点は、

(1)　CSUをはじめCDU内の反対派からAfD、さらに極右派から主張される、難民を食い止めるための「ドイツの壁・国境閉鎖」を、「DDR（旧東ドイツ）時代に自分が体験しているからできない」という理由をあげて反論していることです。

これまでメルケルは、むしろ自分の出身を語ることに沈黙を通してきましたが、それもできなくなってきたのでしょう。政治というのは、その意味で政治発言・表現とともに、その個人と個人史が問われることによって、はじめて実体的な意味を持ってくるのでしょう。

それゆえに、テレビではなく市民が結集する広場で語るべきであったでしょう。これがこの10年間のメルケルの政治指導の弱点であり、ドイツ民主主義の危機を引き出している最大の原因といっていいかと思います。

(2)「70%のシリア難民が、平和になれば帰国したいという内務省の調査結果がある」と平然と語っていることです。これは気休めにもならず、難民対策への無方針を吐露しているようなものです。シリアの平和に、どのような対策が打てているのか知りたいものです。むしろ現状は悪化の一途をたどり、その後難民が増えてきているのが事実で、それゆえに反対派の声が強くなり、難民キャンプへの放火、器物破損、難民への襲撃・暴行事件が2014年の約200件から2015年の約1000件に増大している統計があります。この傾向は今年に入っても衰えないばかりか、さらに増大していく勢いです。

(3) 同じような感覚で「難民発生の原因を取り除くことが必要だ」といわれても、この間の、典型的にはリビア、チュニジアそしてエジプトに見られるように、軍事独裁を経済的にも軍事的にも援助して、民主主義運動を潰してきた経過を振り返れば、「難民発生の原因をつくったのがむしろ西側諸国ではなかったのか」と反発したくなります。

議論されなければならない諸点、そしてEUの分裂

難民受け入れ決定は、確かにドイツ・首相メルケルのヒューマンな判断であったでしょう。しか

しこの時に、ＥＵ全体の受け入れ態勢をドイツが提案できずに、むしろ難民を前に戸惑うＥＵ諸国を批判するような態度をとったことが、現在のＥＵ分裂を引き出していると思われることです。

難民法に明記されている難民の生存権、人権を擁護できない諸国を単に批判するだけではなく、民主主義制度の確立に必要な援助と、それに向けた改善への共同のとりくみの呼びかけが当時あれば、状況はもっと違ったものになっていたと思われます。これはギリシャ問題——ユーロ危機ではっきりしていましたが、ドイツの一方的な緊縮政策の反動が現在に現れてきているといっていいでしょう。その緊縮政策を飲まされた国にとって難民を受け入れる経済的な余裕はなく、また難民対策の人材も含め社会的な体制は確立していなかったといえます。しかし、それをつくり上げることが、元々のＥＵの目的だったのではないでしょうか。

ユーロ危機と難民問題は切り離すことはできないのです。その中心にいるのがドイツですから、ヒューマンな決定との矛盾が今、吹き出してきています。

緊縮政策を強制された国からは、「何をいまさら」とメルケルの「難民ＥＵ分担策」呼びかけに反発するしか術はないでしょう。こうしてＥＵは分裂しました。そしてメルケルは孤立し、ＥＵ域内にまた国境と壁が建設されました。

その解決策がトルコとの取り引きです。ＥＵ域内の国境を従来どおりにオープンにして維持するためには、難民の流入が食い止められなければなりません。イラク、イラン、シリア、アフガン、パキスタン等の難民通過ルートがトルコになり、すでに２００万人以上の難民がトルコでキャンプ生活をしています。そこからギリシャに渡りバルカン・ルートでＥＵに入ってきますから、言ってみれば「水際作戦」のようにトルコに難民を確保してもらい、ＥＵへの流入を防ぎ、後はＥＵ諸国で分担するという方針です。

これがメルケルの戦略にもならない政治マヌーバーですが、危険このうえない取り引きです。トルコ政府が、ドイツ―メルケルの足元を見ることになるからです。

トルコ側からの要求は、以下のようになります。

①財政援助の上乗せ。ドイツは年間3Mrd（30億）ユーロを提案しますが、トルコ側は5Mrd（50億ユーロ）と、まだキリがありません。

②トルコ市民のＥＵ入国ビザ解除――旅行の自由

③ＥＵ加盟に向けた速やかな交渉開始

しかし一番の問題は、難民問題が起きる直前までＣＤＵ―メルケルは、野党の反対を封じ込め、トルコのＥＵ加盟を頑なに反対してきたことです。その理由は、

①人権が守られていない――政府反対派への政治弾圧

②言論の自由がない――ジャーナリストとメディアへの弾圧・介入

③非民主主義的な司法制度

を指摘していました。

今後のトルコの民主的改革ぶりを観察するという意味合いで、「優先的なパートナー」と規定していたほどです。

しかし、それを忘れたかのように、まったく正反対の対応に終始しているのが現在のメルケルとドイツ政府です。ＩＳと戦うクルド民族に対する軍事攻勢、政府批判派新聞社への警察部隊を投入した言論弾圧、さらにＩＳへの裏援助が明らかになっているトルコ政府ですが、取引―交渉過程においては、それについて語られることはありません。

何が今後の方針にならなければならないのか

では、何が今後の方針にならなければならないのか。現状の政治に愛想をつかし、私が私なりに考えていることは、次のような点です。

(1) 今でこそ難民援助に向けてＥＵの財政を投資すべきでしょう。それによって経済とともに、社会のインフラを整備し、そのなかでＥＵ共同のコンセプトをつくり上げなければなりません。難民問題は、1年、2年で終了することはないはずです。インテグレーションの過程も含めれば、10年、20年あるいはそれ以上の時間を必要とします。それを支えられる体制の確立が問われているでしょう。そのための投資になれば、ＥＵ諸国の経済的な活性化と民主主義的な社会再編に拍車がかかるはずです。新しい人材リソースを必要とするからです。それには、ギリシャ問題――ユーロ危機で強制された緊縮政策から袂を分かつことですが、メルケルにそれができないところに難民問題の解決を困難にし、結果は極右派を勢いづけていくことになります。

(2) テレビニュースを見ていると、ヨルダンでの「難民一人当たりの生活費が月々10ドル」と報道されていました。私は自分の目と耳を疑ったほどです。「以前は30ドル」だったのが、そこまでUN難民事業部の資金が底をついてきてしまっているのです。それで各国の首相と同席しながらUN代表は、各国に出費を呼びかけていました。この映像を見たとき、さすがに情けなくなったものです。

(3) EU各国政府がナショナリズム化していく傾向にありながら、しかしお膝元の市民の半数以上はEU全体による難民問題の解決と、80―90%が国境のない旅行の自由を希望しているという調査結果（Der Spiegel 8/2016）が出されています。

たとえば、現在活動中のドイツのボランティア数は200万人だといわれ、それ以外にまだ200万人が待機しているといわれています。こうした人材リソースの結集と力が、今後、政治決定に大きな影響を及ぼしてくることは間違いないでしょう。

愛想をつかされている政治ですが、そんななかでも若い政治家の発言に目がいきます。使い古されていない活気のある若い政治家も育ってきています。今のような混乱と激動のなかでは、こうした政治家が育ってくるのは、平時と比べて比較にならないほど速いと思われます。

この二つの流れのなかに、私はEUの将来を見ています。

ＡｆＤの台頭は、左派戦後労働者組織と運動の敗北か

イースター休みを利用して、フランスのマルセーユに5日間行ってきました。詳しい話は追って書きますが、現地で見ておきたいテーマがあったからです。それは、ナチ占領下の亡命家たちの生活と、今日のモスレムとフランス社会の現状です。

ひとつ言えることは、そこには現在の難民問題に共通するものがあるように思われます。その点を視点に入れながら、まず、3月に行なわれたドイツの三つの州議会選挙について議論されるべき諸点を書いてみます。選挙結果は日本でも詳しく報道されているでしょうから、ここでは再度、問題点を明らかにする意味で採録しておきますが、読み飛ばしてもらって結構です。

２０１６年春　ドイツの三つの州議会選挙結果を見る

ここから選挙後の議論がＡｆＤに集中していきます。なぜ、どこから、どうするか、が論点になっていきます。要点は以下のようになるでしょう。

①既成政党に対する反対勢力および批判派
②明確に民族排外主義、人種主義を前面に掲げている極右派
③ユーロ批判と難民批判を政治テーマにしている民族主義派

【選挙結果】

バーデン・ヴュルテンベルク（Baden-Buerttemberg）		
ＣＤＵ	27.0%	前回 2011 年比 -12%
緑の党	30.3%	+6.1%
ＳＰＤ	12.7%	-10.4%
ＦＤＰ	8.3%	+3.0%
左翼党	2.9%	+0.1%
ＡｆＤ	15.1%	前回立候補なし +15.1%
ラインランドープファルツ（Rheinland-Phalz）		
ＳＰＤ	36.2%	前回 2011 年比 +0.5%
ＣＤＵ	31.8%	-3.4%
緑の党	5.3%	-10.1%
ＦＤＰ	6.2%	+2.0%
左翼党	2.6%	-0.2%
ＡｆＤ	12.6%	前回立候補なし +12.6%
ザクセンーアンハルト（Sachsen-Anhalt）		
ＣＤＵ	29.8%	前回 2011 年比 -2.7%
左翼党	16.3%	-7.4%
ＳＰＤ	10.6%	-10.9%
緑の党	5.2%	-1.9%
ＦＤＰ	4.9%	+1.1%
ＡｆＤ	24.3%	前回立候補なし +24.3%

（資料　spiegel.de 2016.03.14 より）

④中間層に得票基盤を持っている

それによって議会進出を果たし、今後の政局運営では混乱が予想されることから、民主主義議会のＡｆＤに対する対応が問われてくることになります。具体的にいうと、議席数によって各委員会の委員長および州議会副議長にＡｆＤ議員が就任することが可能になり、また、チューリンゲン州で一年半前から明らかになっているように移民、法務、消費者委員会等でＡｆＤ議員が委員会活動を停滞させることも今後予想されますから、彼らを無視するのか、挑発するのか、あるいはテーマをめぐる積極的な内容議論を吹きかけるのか、既成政党の側では今からその対策に苦心しているのが現状です。

ＡｆＤの側からの言い分は、「選挙で選ばれた」議員であるから、他党と同等の権利があると主張します（資料「ＦＲ」紙２０１６年４月６日付）。

ＡｆＤとフランスの極右派ＦＮ（国民戦線）との違い

ドイツ極右派のＡｆＤとフランスの極右派ＦＮ（Front National）との決定的違いは、ＡｆＤは反ユダヤ主義を主張していないことです。少なくとも私は、今まで聞いたことがありません。

ＡｆＤが中間層を確保したという分析は、非常に興味のあるところで、実際に、私たちのまわりでも（連れ合いは医師なので）、開業医とか、「こんなインテリが」と思う人たちがＡｆＤに投票を呼びかけていました。従来は、どちらかというとＳＰＤか緑の党に投票していた知人です。

その医師の一人がＡｆＤに投票した理由を、次のように言います。

「難民患者の診察で、通訳手配等のいろいろな煩雑な手続きで多大な時間をとられ、おまけに治療費はコストをカバーできない無料診察といえるような小額で、それに加えて、言葉が通じないことから、通訳を通すが、病状、投薬、治療等専門的な知識に関して正確に患者本人に伝わっているのかが確認できず、それゆえに確信をもって治療に当たれない」。

この事情は、私たちもよく理解できます。多数の難民で労働現場が混乱しているのです。しかし、それとＡｆＤへの投票呼びかけは別問題だというのが私と連れ合い、そして仲間たちの意見で、それがこの報告を書いた一番の動機になります。

ＡｆＤをどう理解するのかという問題です。医療関係に関しての例でいえば、難民用の十分な公共の医療体制がとられていないことが、こうした医者に不信、不満をもたらしている最大の原因だと考えています。

ドイツは難民を受け入れているわけですから、彼らが問題をもたらしてきているわけではないでしょう。受け入れの態勢的な問題です。ドイツ語コース（ドイツ語コース等の問題点に関しては、別途改めて書きます）をはじめ、すべての分野についても言えることです。それを難民問題にすりかえるところが、実は、ＡｆＤの政治戦略です。

それを知ってか、選挙直前から、こうした医師からの連絡は途絶えてしまいました。こうして友達を失くしていくことは淋しいです。これもまた､ドイツの難民をめぐる現実生活の一面でしょう。

さて、私が今回の選挙結果で最も注目するのは、ＡｆＤの得票の流れです。ＣＤＵとＳＰＤのみならず、左翼党からもＡｆＤは票を獲得しています。左翼党はそれまでＳＰＤ、緑の党への野党批判票を集めていましたから、ＡｆＤの登場によって以前の反対票を確保できなくなっています。ＡｆＤが、それによって反対野党になった事実がうかがわれます。

次に重要なことは、失業者および労働者票の大部分を獲得していることです。このグループに従来の選挙棄権者が多く、今回はＡｆＤが彼らを投票に動員していることが、事の本質を言い得ているでしょう。統計的（資料　Der Spiegel 12/2016）に見ると、以下となります。

	失業者	労働者
バーデン・ヴュルテンベルク	36%	35%
ラインランド―プファルツ	32%	30%
ザクセン―アンハルト	25%	23%

SPDと左翼党の組織的な敗北といっていいでしょう。労働者階級の組織化に失敗しているからです。

嫉妬・妬みをテコに力をつけるAfD

従来、町、村あげてSPDに投票してきた労働者・住民グループが、今回はなんのためらいなくAfDに投票しました。AfDが彼らの意見を代表してくれるからです。彼らは、とりわけSPDからは完全に見放され、孤立させられたという感情をもっています。エリートの上層部が発言権と権力を持ち、下層人民は何か言うこともすることもできなく社会の隅に置き去りにされてきたというのが彼らからの批判です。わずかの年金、賃金で高くなる家賃を払い、生活していかなければなりません。

しかし他方で、難民に回されるお金はいったいどこから都合されるのか。そんな財政があれば、地域で閉鎖されていく社会・教育施設、および医療・生活・住居援助に振り向けられるはずではなかったか。

難民と市民の間に、こうして嫉妬・ねたみを含む社会対立が起こってきていることを誇張し強調しているのがＡｆＤです。むしろそれを扇動しているといったほうが正確でしょう。

戦後の社会再建は産業とともに、戦争から帰ってきた労働者・住民の住居を建設することから始まったといっていいでしょう。特に５０―６０年代にかけての「ドイツの驚異」といわれた戦後経済成長過程では、外国人労働者を必要としました。鉄鋼、自動車、炭鉱等の産業地域では、大きな労働者住居地区・地域が生まれます。そこでは生活の相互扶助、労働者文化、教育宣伝活動が行なわれ、一つの労働者コミュニティーを成立させていきました。

「連帯」という言葉が、実践的な意味を持った時代です。そこがＳＰＤの組織基盤でした。反戦、労働運動にＳＰＤが大きな影響力と闘争力をもったのは、彼らのこうした地域での地道な活動でした。確か一時は１００万人近い党員を抱えていたはずです。

労働者票がＡｆＤに――ＳＰＤおよび左翼政党の敗北

しかし、７０年代に入り産業構造が変化し、都市開発が進むことによって、戦後労働者の生活・文化様式、価値観が変化していきます。それと歩を合わすようにして、ＳＰＤの組織衰弱が始まります。同時に労働運動も下火になります。

しかし、この産業構造（いってみれば近代的な）の転換に取り残された人たちは、元の地域に残るしかありません。そこには昔の同胞関係は残されても、新しい組織化は成立しませんでした。こうして彼らは、政治から取り残されていきます。

同じく、外国人労働者が、ドイツ労働者がいなくなった地区に安い家賃を求めて住み着くことになります。

戦後のドイツ労働者と外国人労働者の関係がどうだったのかは、しっかりした資料と情報は把握していませんが、現状から逆にその実態がうかがわれるだろうと思われます。

そして、これが私の問題意識で、ＡｆＤの台頭とは、ＳＰＤをはじめとする左派戦後労働者組織と運動の敗北であり、破産という結論になります。ＡｆＤを批判しながら、実は戦後のこうした政党運動、労働者運動をこそ批判的に検証するべきでしょう。

フランス、オランダ、ベルギー、イタリア、ハンガリー等の諸国においても、実は、同じ問題が問われているでしょう。ヨーロッパの極右化を促す原因と現状がここにあります。

この選挙結果をメルケル首相はどう判断しているのか

最後に、この選挙結果を首相メルケルはどう判断しているのか。ＳＰＤと緑の党の候補者がメルケルの難民政策を支持し、ＣＤＵ候補者が右派の票めあてにメルケルに対抗したことから、首相メルケルは、「自分の方針が支持された」と確信を深め、ＣＤＵとＣＳＵから声高になる方針転換を承認する意思が微塵もありません。

こうしてみると、メルケル政権はＤＤＲ（旧東ドイツ）の性格となんら変わりがありません。挙党一致体制です。図式的な表現になりますが、その足元にＡｆＤのファシズムが聞こえてきていると言えるでしょうか。

アルジェリアとフランスの過去——マルセーユから見つめる

マルセーユに到着した翌日、街は労働法・年金制度の改悪反対ゼネスト

イースター休みに再びマルセーユへ行って、これまでのフランスへのとっつきにくさが、どこから来たのだろうかと、つくづく考えさせられていました。逆にいえば、この頃、マルセーユから、なぜかフランスが身近に感じられてならないのです。フランスの優れた文化、芸術、文学に関して、私にあれこれ何か取り立ててモノを言う筋合いも資格もないことは十分承知しています。一方、哲学、政治の分野でフランス革命、反ナチ・レジスタンス、６８年パリ革命、そして革命の哲学論争を読み聞きすれば、今でも自ずと背筋を伸ばしてしまいます。私にはそれほどの衝撃がありました。それがわかるのだけれども、なにゆえか自分の身近なものにならなかったのです。

南フランスが、フランス極右党ＦＮ（国民戦線）の長年の拠点であることは、逆に言えば、なにゆえその革命の歴史的なフランスに極右派が根を張りめぐらしてきたのかということでしょう。

そのように考えると、それまで取り澄ましていたフランスが、自分の目線まで降りてくるのがわかります。私にもフランスの革命について語ることができるようになるのです。もちろん、私のレベルで、ですが。

マルセーユに到着した翌日が、ジェネラル・ストライキでした。労働法・年金制度の改悪に反対した労働組合のメンバーの他に、高校生と思われるグループが多数参加しているのが特徴でした。数キロに延びた本通りをデモ隊が占拠し、集会を開き、ゆっくりゆっくりデモ行進に移っていきました。「テロの危険性は」と考えてしまいましたが、彼らの無言のアピールは、「テロによって労働者、市民の日常生活が萎縮させられるようなことになってはならない！」と訴えかけているようでした。それが伝わってきて、何とも言えない緊張をおぼえたものです。

ＩＳテロが目的としている言論と行動（の自由）の封殺への抗議を、声高に掲げて訴える姿がそこにはありました。それを思うと、私はゆっくりゆっくり進むデモ隊のそばで、参加者一人ひとりの姿を目で追っていました。

「Made in Algeria Genealogy of a Territorry」を観る

ちょうど、「Made in Algeria Genealogy of a Territorry」というテーマの特別展示が行なわれていました。パリでのテロの直後だけに、フランスのアルジェリア、強いては北アフリカ―チュニジア植民地の歴史を今日の段階で批判的に捉え返し、現在の難民―イスラム問題に貢献しようとする意図が込められているように思われました。

混雑を予想して昼食時に足を運びましたが、想像していた人出はまだなく、ゆっくり一つひとつの展示を見て回ることができましたが、帰るころになると入場が制限されるほどの人出になっていました。

1500年代初期から1962年のアルジェリアの民族独立までが写真、ビデオで解説されていたので、記録されたものからの連想だけではなく、実情がよくわかりました。

以下、いつものとおりパンフレットがないため、私のメモ・記憶から、いくつか気づいた点を整理しておきます。それゆえに、事実関係の誤記、誤解の可能性があることを前もって了承ください。
●16世紀になると、現在の首都アルジェ一帯に、大きな集落がつくられてきます。そこには高度の文化が開けているのをフランスは認め、アルジェリア（Sidi Ferruch）への探検隊を送り出します（1541年）。
●この時の理由説明を、「高度の文化の生まれるところにキリスト教の花が開く」というような表現を使っていることです。それは裏を返せば、世界の果てまで、キリスト教の宣教・布教活動が可能だということです。
●その後の探検隊の活動で興味を引くのはまず、最初の活動が、土地測量であることです。そのための測量器材が必要ですが、現在でも使用されているそうした器材は、16世紀のこのときに開発されたもので、国土の測量とは、国境を策定することです。しかし、ベドウィン族に国境の観念も習慣もありません。この過程で、フランスの探検隊メンバーが、「イスラム（宗教―筆者注）が住民の間で非常にポピュラーになっている」と記録していることです。
後にフランスは、地下資源のあるサファリ砂漠地域への立ち入りを禁止していきます。
●1830年にフランスは軍隊をアルジェリアに送ります。

1842年以降の本格的な植民地化の過程で、キリスト教とイスラムの関係がどう変化していくのかは、展示からは知ることができませんでしたが、写真で土木作業の仕事休みを取っているアルジェリア市民を見ていると、フランス帝国とキリスト社会に損害が及ばない範囲で、「イスラムの自由」を許容していた節が認められますが、これは、正確に調べる必要がまだあります。

●以上の背景からか、ナポレオン・ボナパルトは、1833年に「宗教的コミュニティー」を布告します。1848年のパリ革命を受けて第二共和国が確固となり、ナポレオンは「アルジェリアを公式的にフランスの領域」と宣言。

●その後1850年代から1870年まで、アルジェリアとフランスの植民地化をめぐる政治不安・対立の時代が続きます。

●1871年に第三共和国がスタートし、それによってアルジェリアの植民地的な位置に、大きな意味が持たされてきます。ヨーロッパは社会の近代化に入っていきます。特に農産物とツーリストの需要が増大していきます。この状況は、現在となんら一向に変わらないように思えてなりません。

北アフリカの珍しい果物、新鮮な野菜、そして食用肉が船で運ばれてマルセーユの港に着きます。それが、フランスの内陸部に移送され、そこに群がる市民の姿が、特にパリのビデオに写し出されていました。商人、運送業者、売り子、そして市民たちでごった返す町の中に、山のように積まれた農畜産物のまわりでは、活気に満ちたフランス経済の将来が確約されています。

●他方の側、アルジェリアの農村では、疲労し、やせ衰えた農民の姿が、同じくビデオに記録されています。豊富な農産物を生産しながら、それらは彼らの日々の食料とはならず、フランス市民を潤しているだけです。この現状は、「富の略奪」というほかはありません。

同時に、フランスからの観光客がアルジェリアにやってきます。彼（女）らが、物珍しそうにアルジェリア人民を見つめる視線は、現在の観光客の視線と大して異なるところはないはずです――

これが、展示「Made in Algeria」の訴えたかったところでしょう。

●1954年、いわゆるアルジェリア戦争の勃発。FLN（Front de Liberation Nationale）結成。

●1958年第五共和国成立、大統領ド・ゴール。

●1960年「The Week of Barricades」で知られているアルジェリアの反乱。これには、アルジェリア在住のフランス人も連帯・支援したと伝えられています。

●1962年アルジェリア独立。

植民地と近代化の過程に関しては、ある程度、知られているところです。しかし、それを歴史的に再度、批判的な観点からかつ原因と結果といっていいか相関関係から自国の全体を捉えようとしているところに、フランスの歴史教育への強さが感じられてうらやましいです。

それを踏まえながらもなおかつ、私が興味を持つのは、産業、サービス業の飛躍的・驚異的な発展によって、アルジェリアとフランスの関係もさらに強化されていき、アルジェリアの独立以降、同じく内戦のなかで、若い青年たちが職を求めてフランスに来ます。現在の難民です。他方、勢いづくフランス経済は若い労働者を必要としていました。

長い歴史のなかで、単に戦前、戦後の歴史だけではなく、ヨーロッパに限っていえば、イエス・キリストから始まり、難民の歴史でした。そこにはまたユダヤ人の歴史も含まれます。実は、その難民たちが、歴史を書き、経済と社会を合理的、近代的につくり上げてきたといっても言い過ぎではないでしょう。それ以外の歴史の捉え方を私は知りません。

ある意味では、アルジェリアの植民地化の過程は、それ以降のヨーロッパ他国の植民地主義の原型をなしているように思われ、さらに同時に宗主国（ヨーロッパの各帝国主義国）に現在のイスラム政治問題を投げかけているともいえるのです（その典型は、アフリカ中央・マリでの現状にみてとれるでしょう）。

フランスに渡るアルジェリアの青年たち

そうしたアルジェリアの歴史を背負って若い青年が海を渡り、フランスに来ました。フランスの経済を支え、彼らは社会の一員となって、そこにはイスラムやアフリカ文化の大きな影響が定着していきます。それをフランス社会は大いに誇り、享受もしてきました。その先端にカミュがいたでしょうか。６０年代から８０年代にかけてです。その後、次の世代が育ちます。フランスで生まれ、フランスの教育を受けて成長します。そうすると、ここに大きな世代のギャップが生まれてきます。そこで議論されるのが、家族の役割です。

第一世代はすでに祖父母となり、しかし、イスラムとアフリカの言語と伝統・文化を体現しています。

第二世代になると、両親は祖国のだけではなく、フランスの新しい空気を吸収して成長しますから、その子どもたちの第三世代が、どちらの方向に進路を定めるのかが、人生を決定づけていくことにもなります。

この三世代が、どのような家族をつくり、次代に伝えていくかは、モスレムにとっては宗教の信仰と同時に、生き死の問題に関わってきます。その信仰すべき宗教の認識と理解は、また三世代の間で異なってきます。

この時代には、いわゆるフランス革命で謳われた「自由」の概念と実践が、まだ生き生きとしていました。将来がありました。それは、フランスが移民選手の力によって、１９９８年フランス開催のサッカー・ワールドカップで優勝したことなどにみることができます。そのときの原動力になったのは、ジダン選手など旧植民地出身者でした。それがピークとなり、その後に隠されていた問題が表面化してきます。

勢力を伸ばし始めていた新自由主義は、「自由」を〈個人の責任〉に悪解釈・悪用することによって、自由を連帯からつくり上げるのではなく、個人の競争の自由として対立と紛争の要因にしてしまいました。

まず、フランス市民の内部での利益の奪い合いから、次に、対立はフランス市民と外国人移民に移っていきます。その移民の抗議行動が、前にも述べましたが、２００５年に起きた〝パリの反乱〟だったでしょう。そこには、何回も書くように、アフリカ移民のなかにイスラム化の傾向は認められません。

移民たちの行きどころが、果たして現在、どこに求められているのか。フランス社会にか、あるいはまた、祖国の伝統的なモスレムにか、あるいはまた、別のイスラム主義にか――。ISテロの理解と対応は、このへんにあるように思えてなりません。

次の展示では、この点に光が当てられることを願っています。戦後のアラブ―モスレムのヨーロッパ社会でのインテグレーションに関してです。

そのとき、三世代にわたるアラブ・モスレムの世代間問題と同時に、それへの解決を残してきた、言ってみれば先進国（フランス）革命の課題をもテーマにされるべきだと思うのです。

テーマと気持ちの重さは、イスラムを批判しながら、何が異宗教との関係で可能かを見つけられなかったことにあります。しかし、歴史の捉え返しから、イスラムの問題は、少なくとも私には、自分たちの歴史、自分自身の問題であることが見えてくるのです。


感情的に書くと、こうです。

フランスの革命の歴史はすばらしいです。またそのように書き伝えられてきました。ある場合などには、聖伝説化されてもきました。その前に立った自分は、果たして何かと、みすぼらしい思いがしたものです。

自分の人生、生い立ち、言動を振り返り自己嫌悪に陥らない人はいないでしょう。そして、実に、このギャップが、フランスとの間にありました。コンプレックスといってしまえばわかったような気になるのですが、そうではなく、語り伝えられる当の革命の歴史に、そんな「きれいごと」だけではなく、今日の重大な問題と課題が残されているではないかということが見つけられれば、そこから新たな出会いと対話は可能になってくるはずです。

マルセーユで気づかされるのは、このことです。マルセーユには革命の課題が残されています。そして、そこに極右派は拠点を据えているのです。

――ドイツ通信79回　2016.5.9

ナチ支配下、亡命者・難民の避難所として――マルセーユから見つめる

小さな漁港地が「ドイツ人の町サナリー」に

マルセーユから電車で30分ほど行ったところに、小さな漁港 Sanary Sur Mer（サナリー・シュル・メール）があり、第一次世界大戦後、ここはヨーロッパのインテリや芸術家の避暑地あるいはまた居住地になった場所です。ここは、しかし、1933年にナチが政権を奪取したあとは、ドイツおよびオーストリアのインテリや芸術家の亡命地となり、とりわけ36名の著名な小説家の名前が記録されています。ただ私が知っているのは、そのなかでもトーマス・マンとベルトルト・ブレヒト

の二人だけとは淋しく、このテーマを扱う資格はないのかもしれませんが、〈亡命〉〈戦争難民〉という今日の共通なテーマから、興味がありました。

マルセーユは、年間300日が晴天の暖かい日が保証されているといわれるのですが、私たちが出向いた日は、肌寒く、いつ土砂降りの雨が降ってきてもおかしくない雨模様でした。小さな田舎駅に着いたのですが、港までの交通の便がありません。

今でこそ、この亡命ドイツ文学者の名前で知られる漁港ですが、それ以前はさぞかしひっそりとした、人に知られることない静かな漁港であったであろうことが偲ばれます。

駅の係官が、親切にも電話でタクシーを呼び寄せてくれました。たかだか3キロメートルほどの距離を15ユーロもの料金を取られてしまいましたが、無事現地に着きました。すると、予想どおりの大雨です。カフェに逃げ込み、フランス風のかの狭い、小さなテーブルに席を取りました。

私の個人的な思い込みかもしれませんが、パリでもどこでも、フランスのカフェは狭いうえに、テーブルが小さく、身をかがめ、肩を寄せるようにして席を取らなければなりません。身動きができないほど窮屈で、とてもコーヒーを味わうという雰囲気ではありません。天気のいい日には路上にテーブルが並べられていますから、お客の全員が同じ道路方向に体と視線を向けることになります。その視線を感じながら、通りを歩くことが私は耐えられないです。ましてや、同じカフェに入ることなど到底できません。

客は、ほとんどが60歳から70歳にかけた年金生活者のようです。温暖な気候を満喫、堪能している人たちなのでしょう。

よくよく室内を見ると、すずめが電線に止まるように、港が見渡される同じ方向を一列に向いて静かに座っています。私たちも同じような席のとり方をしましたが、私自身はどうも落ち着きません。このフランス風が、なんとも性に合わないのですが、仕方ありません。

窓外の雨の勢いがおさまる気配がありません。


トーマス・マンは、ドイツを逃れた最初のグループのうちの一人になります。1933年5月フランスの友人の助言を受け、この地を選んだといわれます。パリの生活費は高くつき、亡命者の間にあった生活苦から癒されるためには、はるかに安くつく小さな漁港町が適していたことになります。後にこの時の生活を振り返り、「私の亡命生活の中で最も幸運な時間であった」と回想しています。他の文学者がそれに続きます。

そのそうそうたる顔ぶれを、ルードヴィッヒ・マルクーゼ（Ludwig Marcuse）は、「亡命地のドイツ文学の首都」と表現しているほどです。

ブレヒトは、カフェで、ヒットラーとゲッペルスを揶揄し、嘲笑する歌をギターにあわせて歌っていたとも伝えられています。そこではまた、後に読まれる小説（Lion Feuchtwanger "Die Geschwester Oppermann"）が書かれました。意気高揚はしているのですが、実際の内面生活はどうだったのだろうか。

ジャーナリストであり作家でもあるヘルマン・ケステンは、一冊の本（Hermann kesten

“Kaffehauspoet”）の中でそのへんの事情を次のように書いています。

「亡命地で生きていれば、カフェ・ハウスが同時に家族の家、祖国、教会、議会、砂漠と至福の場、錯覚と墓場のクレードルにもなる……亡命地では、カフェ・ハウスが唯一、生命が引き続き維持されていく場所である」

亡命者の生活事情がよくわかり、非常に興味深いです。

ドイツ・ナチのポーランド襲撃に反応したフランス政府は、1939年9月にドイツ亡命者の強制収容を決定します。ある者は、パリの近くのスポーツ・スタジアムに、またある者はマルセーユの近くの収容所（Les Milles）に。ユダヤ人は、フランスのナチ協力政府から、直接ナチの手に引き渡されます。ピレネー山脈を越えて、スペイン、ポルトガルへの逃亡が試みられますが、ドイツ・ナチ政府から国籍を剥奪された亡命家の国境越えは難しい状況になっていました。

それでも、ブレヒト、トーマス・マンなどの亡命作家は、難を逃れてアメリカに亡命することができました。*

＊ Spiegel online 27.09.2005 を主に参照 Tagesspiegel 23.09.2007 kuenste-im-exil

戦争が終わり、漁港の住民が自分たちの町にニックネーム「ドイツ人の町サナリー」(Sanary-les-Allemands）と命名してからナチ支配は終焉していくことになります。最初に作家のマンフレッド・フリュッゲ（Manfred Fluegge）が、亡命時代にドイツの文学者がこの町からいかに多くの恩恵をこうむっているかを記憶にとどめるエッセイ（“Wider Willen im Paradies”）を書きます。それに触発されてドイツ、オーストリアからの訪問者がこの地を、言ってみれば〈ナチ支配下の亡命文学者の足跡〉を求めて訪れることになります（Spiegel online 27.09.2005）。

亡命者・難民のアジール

この時代はまたほかに、マルセーユに滞在していたアフリカやアラブからの亡命者、難民がフランスのナチ支配から逃避を求めていた時代ではなかったでしょうか。その時の私の興味は、ナチの暴力・強制所支配の恐怖下におかれた亡命者と難民の相互の関係です。さらに、この小さな港町の住民との関係はどうだったのでしょうか。素朴な漁民だと想像されますが、その彼らの偉大な文学者と芸術家への反応はどうだったのか。それをぜひ、知りたく思っています。

結局、雨は上がらず、6キロメートルの距離に及ぶという亡命作家が住んだヴィラ、憩いと議論を楽しんだカフェなどが保存されているルートは巡ることができませんでした。

今でも、カフェでのあの〈すずめ座〉が気になってしかたがありません。闖入者に、いわれのない恐怖を与える座席方法です。同時に〈我関せず〉、無関心の矢が肌身に突き刺さってきます。

ナチ・ドイツ軍がパリを占拠した当時の社会状況には、市民の中に蔓延していたデカダンス（退廃）的な雰囲気が認められ、ド・ゴールが反ナチのパルチザンを呼びかけた当初は、社会の反応は冷たかったとも言われています。ナチ協力への歴史的反省なしに、しかし、戦後は、反ナチ・レジスタンスによってフランスを解放した〈ド・ゴール神話〉がつくられてきました。

ここに見られる論理は、DDR＝旧東ドイツのそれと代わり映えがないように思われます。ナチ・ファシストとの戦闘に勝利することによって建設された旧東ドイツ国家は、ファシストから解放され、過去への責任はないという主張との違いを見出すことが困難です。

こうした要素が、どこで、どう結びつくのか、私のマルセーユはまだ終わりません。

5—ヨーロッパでのテロにみる共通点

ヨーロッパの中のアラブ社会「モレンベーク」に渦巻く猜疑と不安

――ドイツ通信80回 2016.5.26

ブリュッセルの「モレンベーク」に追い込まれた人びと

今年（2016年）3月22日のブリュッセルでのISテロを受けて、すぐに連想したことが、昨年11月13日のパリでのテロとの関連でした。どこで、どうつながるのか。そしてなにゆえ、ベルギーなのかということでした。

ブリュッセルからパリまでは、フランスの高速新幹線TGVに乗れば40分もあれば行けるところに位置していますから、地理的には近接しているのはわかります。が、しかしISテロの組織的な関連がよくわかりませんでした。ブリュッセルのテロは、その意味で意表をつかれた感じがしていました。

そんな時、フランスのある大臣が「(フランスには―筆者) 100近くのモレンベークがある」と発言したことに興味を持ちました（「FR」紙2016年4月8日付）。

「モレンベーク（Molenbeek）」とは、ブリュッセルにあるモロッコ移民の多くが住みつく地区で、IS―聖戦主義者の拠点になってきたところです。この大臣の発言が、対テロ対策で打つ手なしの現状に自嘲気味になっているのか、あるいはまた、それまで以上にテロに油を注ぐ結果になるのか、あれこれ議論されることになります。

では、パリとブリュッセルの共通点とは何か。結論から言ってしまえば、二重になっている社会構造です。少数派アラブ系移民と多数派自国民、異文化・宗教が交わることなく、水と油のように平行線をたどり、パラレルな社会が現出してしまっていることです。それをまた、マルセーユで見ることになります。

この点に関しては、イギリス、ドイツその他のヨーロッパ諸国にも共通しているといえますが、各国の歴史を踏まえながら、それぞれのケースを考察していくべきだと考えています。


前置きが長くなりました。運河が二つの世界を遮るように、東にモダンで高級な金融、商業、サービス業街区、対岸の西側にあるのがモレンベーク街区です。ここにモスレムの移民が住み着くようになったのは、1960年代のことだといわれます。ベルギーの炭鉱、金属産業が、イタリア、スペインからの外国人労働者が祖国に帰国した後に、モロッコに労働者募集をしたのが始まりです。しかし、数年後にはこうした産業部門の工場は閉鎖されていきます。一方で、モロッコ住民はそのまま住み着いていくことになります。祖国に帰還しようにも、出身地の貧しい山岳部には仕事の当てがないからです。同時に、彼らの住居地区が、ドラッグ（大麻）の栽培拠点になっていき、マルセーユ、モレンベーク、アムステルダムを経由してヨーロッパに売買されることになります。

モロッコ政府にとっても、もともと中央政府に対する反対派であった彼らが祖国に帰ってくるよりも、外国に留まるほうが治安上安泰という判断があります。

これは、現在でもそうです。難民受け入れを拒否された人たちの祖国への送還が、受入国の拒否にあって、なかなかはかどらない第一の原因がここにあります。いったん国を離れた市民は、祖国では治安対象となっているのです。

しかも、家族の呼び寄せにはベルギーは、寛容でした。こうして、モレンベークの住民の60％がモロッコ移民となります。住民数の推移は、1995年の6万8千人から2016年の9万5千人に膨れ上がり、それに推定5000人の不法滞在者が加わるといいます。そのうち、5万人の住民が29歳以下で、青年層の四分の一が24歳以下といわれています。将来のある若い層です。

その青年たちに、仕事はありません。職業訓練・教育を受けながらも定職がなく、もぐりの仕事に就くしかないのですが、それもいつのことになるのかわかりません。不安定な日常です。

そうした彼らの精神的宗教上のよりどころはモスクになり、モレンベークには約20のモスクがつくられます。しかし、ミナレット（モスクの高尖塔）建設は禁止されていますから、通りの奥まったところに、元の工場、店舗、資材置き場跡地などを使った、したがって人目のつかない場所がモスレムの集結地になっていきます（Frankfurter Allgemeine Zeitung 4.April 2016）。

私の町でもそうですが、通りを歩いていて、何することもなくたむろする男性グループを横目で見ながら、何気なく奥まったところにモスクを見かけ、「こんなところにある！」と、あらためて気づかされることがあります。

そこで何が話され、どんな活動が行なわれているかは、知る由もありません。イスラムに関係する何らかの事件が起きれば、市民の中にこのモスクへの猜疑と不安が持ち上がってきます。知らない、わからないがゆえの不安です。

その猜疑と不安をどう取り除いていくかは、現在のヨーロッパに共通する議論であり、テーマだといえます。他方では、その猜疑と不安を扇動する極右グループと完全に分裂・対抗した社会が、今のヨーロッパの政治状況といえるでしょう。

隠然たる力を見せるサウジアラビアの影

ここまでは移民の歴史過程を多少とも振り返れば理解できるところです。一つの文化、宗教グループが身を寄せ合い、自分たちの共同性を維持し、世代に伝えようとすれば、教会やシナゴーグ（ユダヤ教の会堂）、モスク、寺院等が建てられ、そこがその人たちのコミュニティーになっていきます。こうして多種多様な近代的な複合文化が発展してきたのがヨーロッパの市民社会と言っていいでしょう。言い換えれば、そうした複合文化が、近代の市民社会をつくり上げてきたといえます。

それがなにゆえ、現在、政治対立の原因になるのか。ブルジョア市民社会の行き詰まりに違いはないのですが、その意味するところは何か。これを知りたいと私は思い続けてきました。

１９６７年、サウジアラビアの国王ファイサル（Faisal）がベルギーを訪問したことが、モスレムとベルギーの今日の関係を築き上げるきっかけになります。ベルギーの君主（Baudouin）はサウジから石油を供給してもらう代償として、１９世紀に開催された民族博覧会を機に建てられたオリエンタル風な円形パビリオンを、サウジが無償で99年間自由に使用できる契約を結びました。サウジは、しかしその横に大きなミナレットを持つモスクを建設することになります。モスクはサウジ直結の経営と管轄下におかれ、運営はサウジ大使館がすることになり、以降、今日までベルギーのサラフィスト派の拠点になってきました。

皮肉なことに、このモスクのある場所は、ちょうど、EU委員会本部のある建物から200メートルほど離れているだけです。

よくよく調べれば、各国各地のモスクの建設・改修にサウジの資金が投入されているのが認められます。公然の事実でありながら、政治レベルで面と向かって議論されたことはなく、また、現在もそうです。

問題は次の点にあります。サウジといえば、ワッハーブ派（Wahhabismus）の本山ですから、イマーム（imām　イスラム教指導者）や神学者の教育・研修・育成はすべてサウジで行なわれることになり、大半はフランス語、フランドル語さらに英語を話せないイマームがモスクに送り込まれることになります。コーランがアラビア語以外に翻訳できない聖典という位置づけですから、理由なきことではないのです。彼らの大部分はサウジ出身者ではないといえ、コーランおよびハディス（ムハンマドの言行録）の教育はサウジで、ワッハーブ派の教義に従って行なわれ、その意味では、イマームは、直接、サウジの息のかかった布教師という意味が持たされてくるでしょう。そこに彼らの絶対的な権威が付与されることになります。

その結果は、ベルギーの社会を真二つに分裂させ、ここにパラレルな世界が成立することになります。二つの世界のコンタクトは完全に途切れていきます。

2001年、ジャーナリストに扮装して対タリバン戦闘を指導するアフガニスタン北部同盟司令官虐殺。これが同年9月11日ニューヨーク・テロの引き金になっています。

2014年、ブリュッセルのユダヤ博物館襲撃

2015年、パリの同時多発テロ

2016年、ブリュッセルのテロ

これら一連のテロ部隊は、モレンベーク出身者ですが、この20年間近く、政治・社会・教育分野でなんらかの青少年、移民対応がなされた軌跡はありません。

90年代には、モレンベークからアルジェリアのテロ・グループやアフガニスタンのムジャヒデンへ合流するメンバーが認められているにもかかわらず、意識的に目をそらし、聖戦主義者への対策が講じられることはありませんでした。これが第一世代とすれば、第二世代はタリバン、そしてISが第三世代になります。

新たな時代に突入——根底にある移民家族の世代対立

2014年、IS指導者（Abu Bakr al Bagdadi）が、それまでの地域・領域戦からグローバルな戦闘に路線を転換し、ヨーロッパを射程に入れたことによって、聖戦主義者がモレンベークおよびヨーロッパ各国に送り返され、帰還してくることになります。

この路線転換の重要性を世界は認識できなかったことになりますが、その背景には、ＩＳへの軽視があったことは間違いないでしょう。言い換えれば、自国の移民問題へのとりくみが空洞化していたことにほかなりません。

グローバル化の名のもと、世界のいたるところに利益を求め、その後には廃墟を積み上げてきた新自由主義とそれになびいていった社会の結末を、ここに見る思いがします。貧困、人口過密、アイデンティティの喪失、犯罪、そしてサウジ・ワッハーブ派に連なるサラフィストの浸透—それらがどのようにＩＳのテロに結びついていくかは、さらに独自の考察が必要でしょうが、そのキーワードは、移民家族の世代間対立にあると考えています（Frankfurter Allgemeine Zeitung 4.April 2016）。

一例ですが、「よりよい豊かな生活と平和」を求めて難民がヨーロッパに来て、移民として生活します。しかし、年配者にはそう簡単ではありません。職に就くには語学が必要です。また、社会のなかには偏見、外国人差別があり、長年住み着いた祖国の習慣、文化そして宗教規律から離れられなく板ばさみになっていきます。

失業という経済的な重荷が、特に、モスレムの家長社会を象徴する父親の肩にのしかかってきます。それは、父親の権威の失墜を意味します。それを見た子どもは、父親に「どこによりよい豊かな生活があるのか」と質すでしょう。「この腐敗、不純にまみれた社会をどうするのか」とも。答えはありません。しかし父権と権威だけによりどころを求める父親は、子どもの反抗を認めることはできません。一方、母親はその間で右往左往するだけです。子どもたちの自己確認——アイデンティティの模索が始まります。

ここがポイントになるでしょう。サラフィストが、「イスラムの汚れのないよりよき人間と純粋な社会を」と囁きかけるとき、現在ではとっくに失われたもの――たとえば相互扶助とか家族のあり方、性関係、差別・抑圧されることのない理想化された世界が描かれてきます。それを実現できるのが〈イスラムの信仰〉であるといわれるとき、これに対抗できる民主主義（社会）の論拠とは何か、どこにあるのか（Ahmad Mansour ? "Generation Allah"――この本の中で、詳しい社会心理学的な分析がされていて参考になります）。

マルセーユで、実は同じ構造を見ることになりました。

フリー・マーケットがあるというので、バスで郊外に向かいました。

マルセーユの中心街とは異なり、閑散とした町並みを通り抜け、移民が住んでいるといわれる殺風景な簡易高層ビルを見ながら、現地に着きました。フリー・マーケットは、ある意味で、通常知ることのできないその町の人びとの日常生活を垣間見る、いいきっかけになると思っています。

そこは、人の群れでごったがえしていました。しかし、女性と男性の人並みは完全に分かれているのがわかります。飲食店もあり、客の入りも男女別々。寒い午前中で、熱いお茶でもと思いましたが、私たちは店に入るのがためらわれました。また、スタンドに並ぶ品物は、不必要になった家庭の備品ではなく、これから必要な、町では決して手に入らないような安い日常品でした。コーランも売っています。アラブの世界で見かけるバザールです。買い物客、冷やかし客もモスレムで、フランス市民は見かけませんでした。会場が大きいだけに、その人手とバザール風景に圧倒され、しかし反面、こういう世界がフランス社会の中に現出している事実に驚かされました。
その驚きが、実は、パリの郊外、そしてブリュッセルのモレンベークに私の意識を引き戻したのです。

――ドイツ通信81回　2016.6.30

イギリス国民投票とEU離脱「Brexit」

EU残留か離脱か――

イギリスの国民投票でEU脱退が決まりました。当日、2016年6月23日（木）は、開票速報の出る深夜まで時間をもてあましながら待っていました。残留52％、脱退48％とテレビ画面にテロップで流されたときは、このまま翌日早朝の最終結果まで決まっていくだろうと予想していました。その一時間後にも、残留派の得票率は54％まで上がり、得票差は開いていきます。しかし、ニュース解説者は、最終結果は翌日早朝まで判断をゆるさないと何回も強調していました。しかし、私には、あまり緊張感はなかったです。

というのは、選挙前からイギリスの国民投票に関して議論され、また選挙直前にはイギリスのEU脱退に伴う想像されうる限りの〈カオスのシナリオ〉が議論されていましたが、国民投票自体の背景に関しては、ほとんど、あるいはまったくといっていいほど議論されることはなかったからです。

イギリス国内の議論について、それはEUの将来に関する議論でもあるわけですが、理解できた人たちは少なかったのではないでしょうか。私も、よくわかりませんでしたから、残留か脱退かの結果に関しては、それ自体あまり一喜一憂することはなかったのが、正直なところです。

伝えられた議論というのは、簡単に要約すれば、EUにとどまる限りでのイギリスとEU諸国の利点と、それに反する不利益に関するもので、そこに銀行、金融、産業の動向が強調されることになります。EUの共同市場と助成金でイギリスの経済がこの間の世界危機を克服したと一方で主張されれば、他方ではイギリスはEUにそれ以上の多額の分担資金を支払い、EUの規制から国民経済はなりゆかなくなっているといい、双方がそれを裏づけるために資料と統計数字を挙げてきます。が、その数字も手前勝手な引用・借用とメディアから見抜かれれば、議論は国民を二分するほどに白熱しますが、国民を納得させるほどの説得力をもちません。

その結果が、EU残留派の女性政治家の虐殺を引き起こしたのだろうと考えています。国民投票日の一週間前の2016年6月16日、イギリスのEU残留を先頭になって主張してきた労働党の女性議員（Jo Cox氏）が、路上で銃撃され、さらにナイフで刺され死亡しました。犯人の52歳の男性は、極右派のメンバーだといわれています。

議論に道筋をつけられない政治家たち

イギリスの国民投票そのものに関して私は、イギリスの伝統的な民主主義を体現し象徴する政治判断だと考えますが、議論の道筋を誤れば、国民を分裂させ、政治虐殺をも引き起こしかねない危険性を持っていることを、今回の事態は教えているといえるでしょう。

その結果を最後に引き受け、引き受けなければならないのが国民自身といえます。そして政治家の責任とは、その議論の道筋をつけることですが、それができる政治家のいないことが、現在のEUの一番の問題点といえるでしょう。

この点を踏まえてもう一度、この間の議論に戻りますが、この過程で置き去りにされているのが国民自身で、議論が国民の頭越しに空転しているのがわかります。難しい経済用語を使い、またモダンな概念を駆使して政治・経済が語られますが、国民・市民の置かれている現状にふれる内容的な議論を、私は聞いたことがありません。政治議論のダシに国民が使われているという印象を時としてもちます。市民からかけ離れた政治が、私の見たところでは今回のイギリス国民投票の本質であっただろうと考えると、残留か脱退かの如何にかかわらず、問われている問題が別のところにあるように思えてなりません。

投票の翌日、仕事で移動中の車の中でラジオを聴いていたら、「Brexit」という、この間政治家とマスコミで使われてきた言葉が耳に入ってきます。ボリュームを大きくしてよくよく聞いてみると、イギリスのEU脱退が決まったというのです。開票直前からの逆転結果になっていることを知りました。

それから連日、テレビ、新聞、マスコミではハチの巣をつついたような騒ぎです。イギリスに置かれているヨーロッパの金融機関が崩壊し、投資が落ち込み、通商・貿易の関税障壁がつくられ、経済が混乱していくのは避けられないと予測が立てられます。それはそれでわからないことはないのですが、3〜4日毎日毎日聞かされていると、もう一度、事の本質に戻る必要性を感じています。言い換えれば、EUの問題点と将来に関した冷静な議論の必要性を感じざるを得ません。

現実に引き戻された人びと

各分野の専門家のインタヴューに特徴的ですが、「(EU脱退は)想像もしなかった」「信じられない」という言葉と表情が事実を語っているでしょう。彼らは、ようやく現実に気づかされたのです。現実に戻され、打ちのめされている姿がそこにはあります。この現実喪失が、現在のEU政治の一番の問題点であるように考えています。

イギリスはEU加盟といっても、特別の権限を認められてきていました。だから、国内政治を振り返れば、EUを理由とするよりも、むしろ自家製の経済問題を蓄積していたのがEU残留派の得票が伸びず、脱退派を勢いづけた原因だといえるのではないかと考えられることです。

その背景には、しっかりした歴史的な考察が必要ですが、イギリスの植民地主義意識がいまだに深いところに残され、労働党政権も、17世紀後半にあった現在の保守党に連なるトーリー党政権もここから自由でなかったことが、戦後のEUの結成前史から今日まで、他のヨーロッパ諸国―E

Uとの軋轢を生み出してきた背景にあるのではないかと思います。

　ＥＵもその点を気づいてかどうか、フランスを先頭に「速やかなＥＵからの脱退」を主張しています。こんな議論を聞いていると、ＥＵのお荷物を、これから2年間続く脱退手続きをだらだらと引きのばすことなく、一日も早く手放したいという底意が見え隠れしてきます。

　ロンドンに住む若い友人夫婦は、「もう物価が高くて住み難くなっている」と語っていますが、それでも文化と若い人たちで活気のある都市に何とか住みつけるよう仕事を探して可能性を追求していると言います。他方では、テンポの速い労働、日常生活にストレスを募らせている姿が見られます。ヨーロッパ――世界の金融機関が集中し、それに付随するＩＴ部門をはじめ第三次産業の密集する都市。

　その様子は想像がつきます。スマートな若い世代が足早に仕事をこなし、仕事明けにはパブとレストランで自由時間と娯楽を楽しむ姿が想像されます。私たちの友人の話もそうです。そこには世界からのトップ・エキスパートが集まってきています。グローバリゼーションといわれる世界です。国境を感じることなく、世界が一つになってきている中に自分がいるのを感じているでしょう。

　自分の中で世界が一つになっている感覚は、一つのモノに時間をかけつくり上げ、それを販売して生活する従来の労働者とは別のものです。

　金融・銀行が危機に陥っても、政府・ＥＵからの援助資金で再生が可能です。しかし、農業・工場・店舗・手工業は、経営難に陥れば自己責任の下、自分で資金をやりくりし、工面できなければ倒産を免れません。しかも、共同市場にはＥＵの規制がありますから、自己決定が不可能です。

また、EU内の労働力移動の自由化が、イギリスでは10年ほど前からですが、東欧――特にポーランドからの低賃金労働者を募集して、農業分野で単純作業を補給することになりました。イギリス国内では人手が見つからないからですが、それによって確かに農業が維持されているとはいえ、英語を話さない外国人住居者が増えていきます。彼らの住む地域には、分裂したパラレルな社会ができ上がってきます。それへの苦情も、声が大きくなってきていました。

そこで、誰がEUから恩恵を受け、誰がEUの被害をこうむっているのか。こういう議論に意味のないことがわかってきます。それゆえに、そこに執着する政治家、専門家の議論が、いかに現状では的外れであるばかりか、むしろ政治的に危険であるのかも理解できるはずです。これが、私の立場です。

グローバリゼーションと排外主義（難民・移民問題）

EUのテーマとは、グローバリゼーションという新自由主義の破壊的で壊滅的な現実と、排外主義です。ここから、今回のイギリス国民選挙を分析すべきでしょう。それはまた、イギリスの国内政治問題でもあるはずです。

「グローバリゼーションと排外主義（難民・移民問題）」――これは表裏一体の関係で、決して相反するものではないでしょう。

グローバルな世界といえば、ユーロが導入されて、ヨーロッパ域内の移動が自由になった時を思い出します。以前のように両替をしてどれだけの得をしたか損をしたかで、神経を苛立たせることも、国境では厳つい無愛想な検査官に旅行気分を害されることもなく、次の隣の国に入り、そこで出会う人たちは、言葉が違うとはいえ隣の住民に出会ったような感じがして、身軽な思いをしたものです。それがここ15年近くの〈ヨーロッパの自由〉という感覚でした。

しかし資本の移動という観点から見れば、匿名、実体不明という印象が免れません。どこから始まり、どうつながって、どこに行くのかがわかりません。人民の決定権が剥奪された状況です。自国の主権が、再度、議論され始めます。その意味でグローバルな資本は、各国の市民にとっては、自分たちとはかけ離れた〈部外者、よそ者〉になってきます。他方に〈よそ者〉には、難民、移民、季節労働者がいます。それらが、イギリス——ヨーロッパ社会の社会問題の原因と捉えられていきます。

ＥＵ脱退派の、論理主張は、ここからエリートと政治指導上層部に反対しながら、排外主義を煽ることになりますが、残留派も、これに対抗する反対理論を展開できず、特徴的には労働党自身も分裂するような事態におかれました。

以上のことは、社会層の投票分布に現れています。全体の投票率は、72・2%と1992年下院議会選挙以来の高率となりますが、最終結果は51・9%が脱退、48・1%が残留となりました。開票速報との逆の結果は、ここから首都ロンドン、スコットランド、北アイルランドでのＥＵ残留多数票を、逆に、開票の遅れたイギリスのその他の地方、特に農村地域、そして東海岸沿い、コーンウォール（Cornwall）でのＥＵ脱退多数票が巻き返したことを意味します。

２０１５年１１月の下院議会選挙では、下層階級が密集する郊外の団地区で４０％の投票率を確保することが選挙活動の一つの重点になっていましたが、今回は行列ができるほどの投票率で７０％を記録したといいます。

このことから、社会層の一定の投票傾向が示されてきます。

①都市に対する地方の反対・抗議

②高等教育を受けた中間層に対する下層単純労働者の反対・抗議

③他種多様な複合文化アイデンティティ（これには同性愛も含まれます）に対する白人小市民および伝統的な手工業者の反対・抗議

④若い層に対する年配層の反対・抗議

特に、この④に関しては、１８—２４歳までの青年層で７３％、２５—３４歳で６２％、３５—４４歳で５２％がＥＵ残留に投票し、４５—６５歳以上になってくると逆の結果になることから、選挙結果は「年配層が、若い世代を危険にさらす！」と表現されます。

しかし、１８—２４歳の青年の今回の投票率はわずか３６％に過ぎません。２０１０年の下院議会選挙では４４％、２０１５年には４３％と低率を記録し、民主主義参加への関心の低いことが認められ、イギリスの大きな政治テーマになっていることです。そのことから高年齢者対青年層の構図は当てはまらないことになります。

むしろ青年対策がおろそかにされてきた結果と言えるでしょう。労働党に特にこのことはいえます。北イギリスの工業地方では、労働党の票田の大多数がEU脱退に投票することになりますから、ドイツ、フランスと同様に、労働者下層階級を代表する政党が、ヨーロッパの将来ではなくナショナルな選択をしたことになります。

これを労働党の240の選挙区別で見ると、低教育層の住民の83%、また製造工業労働者地域の86%が脱退派を形成し、ただロンドンの中心部で党首（Jeremy Corbyns）への信頼が実証されたに過ぎません。これが、ヨーロッパに広がる民族排外主義の土台といえるでしょう。

それは、また、職業別の投票分布に見て取れます。

①中間層および高級中間層では残留57%、脱退43%
②下層中間層では49%、51%
③専門職では36%、64%
④労働者および低収入者では36%、64%

となり、社会労働運動の破産がはっきりと見て取れます。こうして労働党ははっきりした方針を示せずに、党内対立というよりも分裂を引き起こす結果を招いています。

EUの恐れることは、イギリスに続いてフランス、オランダ、ハンガリーで同じような連鎖反応が起きないかということです。特にフランスでは、極右派の伸張に伴い、テロの影響も受け、6月中旬の世論調査では61%がEUに懐疑的だという報告が出されています。これが確固としたEU脱退の意見にまとまっていくかどうかは、予断を許さない状況です。フランスは2005年に「ヨーロッパ憲章（憲法）」を拒否したいきさつがあります。私の記憶では、確か同じ時期にオランダも拒否しています。

今後、イギリスなき後、ドイツ―フランス枢軸が一段と強化されてくるでしょうが、ドイツ首相メルケルの次の第一声は、EUの将来をより絶望的にしていくものです。

「EUが、今日という日への正当な回答を与えるには、十分に強力である」

しかし、EUの問題と将来への具体的な内容に関しては、いつものように何も語られていません。これを聞くヨーロッパの若い人たちが、どういう感じをもつのでしょうか。彼たちに語る言葉ではないでしょう。冷たい感情しか伝わってきません。ヨーロッパが求めているのは、人民のつながりと連帯です。彼らの声を聞かなければなりません。彼らのところに降りていって、生活事情を知らなければならないのです。そこに政治があります。

もし本当に「十分に強力である」なら、なぜ、イギリスのEUからの脱退を防げなかったのか。また、ギリシャをはじめとするユーロ危機と難民問題を解決できずにEUを分裂させてしまっているのか。それへの回答を求めようとしたのが、実は、イギリスの国民投票であったと私は考えています。

「新自由主義と緊縮政策への反対投票」が、イギリスのEU脱退を呼び起こしたものです。このように問題の本質をはぐらかし、そらすやり方が、メルケルの政治手腕と手法であることを、ヨーロッパ市民は今こそ見抜いていかなければならないでしょう。そこに私は、ヨーロッパの将来を見ています。

難民援助でくたくたになりながらも、ヒューマン、人権、生存権の一点で最後の力をふりしぼっている人たち、貧困と生活苦のなかで、しかし連帯を求め将来への希望を失わない、特に若い人たちの力が、現在ヨーロッパにつくられてきているナショナルな壁を越えていくとき、ＥＵの可能性が出てくると思います。

利益をこうむってきた、否、そうではない、という薄っぺらい議論で、小難しい資料や数字を持ち出して国民を煙に巻くよりも、誰のための経済かを議論するべきでしょう。市民が貧困と失業にさらされ、将来のない生活のどん底に落とされ、（エリート官僚）政治家が、「経済危機が克服されてきている」と強調しても、誰も信じないからです。

メルケルの成り行き任せの対応は、次のコメントにもみてとれます。

「私には、（イギリスのEU脱退に）ブレーキをかけることも、急がせる必要性をもない」

その横ではフランス大統領が、「脱退手続きを急がせなければならない」とアピールしています。

これが、ＥＵの現実です。

ヨーロッパ・カップのベスト8戦でイギリスのサッカーが、それも人口３３万のアイスランドに敗戦してしまい、この分野でも「Brexit」が起きています。

＊　選挙分析の資料：「ＦＲ」紙　25/26.06.16, 27.06.19, 28.06.16

ヨーロッパでのテロにみる共通点

――ドイツ通信82回　2016.8.1

ドイツ、フランス各地で続発

ご無沙汰してしまいました。この7月中に次々にいくつものテロ事件が勃発して、息つく間がありませんでした。それもドイツで起きていますからなおさらです。２０１５年の段階で、ＩＳがドイツのベルリン、ミュンヘン、フランクフルトを標的にしているという情報があり、この一年間ほど、「まだドイツでＩＳテロが起きないのは、幸運としか言えないね」と言うのが友人たちとの会話でした。それが、今、現実となっています。

7月のＩＳテロについて経過的に見ると、7月１４日フランス・ニース、１８日ドイツ・ヴュルツブルク、２４日ドイツ・アンスバッハ、２６日フランス・ノルマンディーが記録されます。それに加えて7月２２日ドイツ・ミュンヘンでの一市民による無差別テロが発生しています。前4件は、ＩＳとの関わりが確認されていますが、最後のミュンヘンの事件は、個人の犯行でした。しかし、その直前のＩＳテロの脅威を受けて、警察の事件対応は対テロを想定したものになりました。犯行者は、ドイツ人とイラン人の両親を持つ１８歳の青年で、ミュンヘンの低所得者や生活保護受給者の住む郊外で生まれ、小さい時から学校や社会で差別され蔑まれてきた体験があります。

犯行の日はちょうどヒットラーの誕生日で、また、２０１１年ノルウェーの無差別殺人テロの５周年に当たりますから、彼が極右思想の影響を受けていたともいわれています。マクドナルド近辺での犯行は、ここが彼と同じ世代、社会層のたまり場であることです。一方で、精神的に不安定な状態にあったとも伝えられています。

以上の全体的な過程に、いくつかの共通する要素が認められます。

①１７歳から２０代後半の若者による犯行であることです。

②ドイツの事件に限って言えば、難民が実行者であること。ヴュルツブルクの１７歳の青年は、２０１５年の６月に、所謂「バルカン・ルート」でドイツに入国し、難民申請が認められパン屋で職業訓練も受けています。しかし事件後明らかになるのですが、彼の出身国が確認されないのです。アフガンかパキスタンかとも言われ、個人データに関する登録が所轄機関に欠落しています。

他方、アンスバッハの２７歳のシリア出身の青年は、２年前にドイツに入国し難民申請を拒否された後、国外退去を猶予されていましたが、３０日以内にブルガリアに送還される予定でした。彼らの不安定な精神状態も指摘されています。

③ＩＳテロの戦略転換が認められます。２０１２年以降の「ＩＳ国」地域拡大から、ＩＳ部隊を投入した地域外、特に西側諸国でのテロ襲撃への転換は、この間のフランス、ベルギー等で明らかになっていますが、現在は第三段階といってもいいような局面を迎えていると思います。Ｉ

S部隊を投入するのではなく、各国のＩＳ同調者に呼びかけテロ襲撃を計画していることです。それが、事前の当局によるテロ情報を掴み難くしている原因だと思われます。フランスおよびドイツの実行者ともに、犯行直前にＩＳとのコンタクトを取っている形跡が認められています。こうした戦略転換がＩＳの組織的弱体化を示しているのか、あるいは逆に、軍事的強さを表しているのかは議論の分かれるところでしょう。

④彼らは、以前のテロ襲撃者のようにシリアやイラクに入って軍事訓練を受けていません。国境警備が厳しくなったことから、出国と国内再入国が不可能になっていることが、ＩＳの戦略転換の背景にあるように思われます。ＩＳはそれを「Taiga」と呼んでいますが、アラビア語で「秘密、秘匿」というような意味で、ＩＳ同調者を各国に隠匿して、テロ襲撃を計画的に実行させる用語です。

⑤したがって、どこで、いつ、不確定者によるテロ襲撃が起こされても不思議ではない状況を迎えたといえるでしょう。それが私たちの日常です。こうした全体的な状況のなかで、実は、ミュンヘンの事件も起きていると判断するべきでしょう。社会全体が、テロの衝動を掻き立てているのです。ミュンヘンの事件も外国籍を持つ家族、言ってみれば移民に関わる事件です。単発の事件として切り離すことはできないように思われます。

社会の中に、「なぜ」という怒りとともに、不安が増大してきています。それを警察・情報機関の強化、さらに軍隊投入の治安強化だけで解決できる問題かという疑問があります。なおさらのこと、対ＩＳ戦争によって何がもたらされるのか。むしろＩＳは、西側諸国を戦争に引きずり込むことを最大の目的にしているはずです。そのための挑発という理解も成り立つのです。

言うまでもなくテロの脅威のなかで細心の注意を払うことは必要でしょう。

マドリッドからインテグレーション（統合）を考える

実は、７月２５日から２８日まで私たちは、マドリッドに行っていました。私は、ポルトガル、スペイン、そしてイタリアの反貧困・反ＥＵ緊縮闘争を闘った若者たちと同時に、現在ギリシャで難民援助に取り組むボランティアの人たちにＥＵの将来を見ていますから、スペインの総選挙後の政治・社会状況をつぶさに見てみたかったのです。

フランクフルト空港のセキュリティー・チェックではレベルを上げていたのがわかり、２４日のアンスバッハのテロを後で知ることになりました。自動小銃を肩にかけた警官が配備されています。先のフランス・マルセーユでは空港と同じく市内でも完全武装の軍隊をみかけ、その物々しさに一段と不安が増したほどです。

さて、スペインのマドリッドですが、格安で宿泊した５つ星ホテルが中心街にあり、おまけにアメリカ大使館のすぐ後ろということもあって、細かな状況はつかむことはできませんでしたが、反面、テロの標的になる一帯とはどういうものかということがよくわかりました。

高級店が並び、夕方ともなれば高級レストランで着飾った客が団欒しています。私たちには手も足も出ないほど遠い世界です。別の世界です。歴史的な町並みは整えられ、並木が涼しい風を運んできます。スペインの経済危機などどこの話かと思われます。そこにいる自分の存在が不安になってきます。〝場違い〟なのです。これはしかし、新自由主義の一面でしょう。

どこの国にも、どの場所にもその国の雰囲気とか感情とか情緒とか匂い等があるはずです。それらと出会うことが、楽しみの一つといっていいでしょう。会話があり、人を知り、意見と情報を交換できること、そんなにむずかしくなくとも日常会話が交わせることが、そこにいること、生活することの安全という感覚の保障になっているはずです。その安全な繋がりが社会から失われているのが、実は、新自由主義が今日にもたらした最大の破壊作用だといえないでしょうか。安い、高いという金額の問題ではなくて、社会の繋がり方の問題だと思われます。スペインの新聞を読んでいたら、ドイツに次いで、次はスペインとイタリアがＩＳの襲撃目標になっているといわれます。

難民や若者が精神的に不安になる要因は、言ってみればこうしたソーシャル・ネットワークから排除されたことが一つの要因ではないかと考えます。それゆえに、社会の安全には何が必要かを、今でこそ議論されるべきではないかと思います。

不安を抱えて、町で出会う一人ひとりを猜疑心から外見で識別するような行為こそ逆に、社会を対立・分断させテロの温床になっていくのではないかと考えています。それがまた、ＩＳの目的とするところでしょう。事件の無差別性、残虐性をそれによって相対化することは誤りです。しかし、そうしたテロ事件を防ぐ可能性はどこにあるのか、そのために各自に何ができるのかをこうした観点から議論することの必要性と緊急性を痛感しています。それはまた、難民援助と社会のインテグレーションへの唯一の道ではないかと思います。

２００１年９月１１日ニューヨーク・アルカイダのテロは、新自由主義（世界資本）の牙城を襲撃し、２０１５〜１６年のフランスとベルギーでのＩＳテロは、自由を謳歌する市民生活を流血で染め、そして、２０１６年７月２６日ノルマンディーの牧師虐殺は、信仰と宗教の自由への挑戦でした。この正反対の世界がＩＳ―イスラム原理主義者の世界です。それは彼らのシンボルでもある旗に明らかなように黒ずくめの世界です。では、私たちの（望む）社会とは何か？　では、また。

＊　参考資料：「ＦＲ」紙　２０１６年７月２５日、２６日、２７日、２８日、２９日
「Zeit」紙　２０１６年７月２８日　Zeit Online Focus Online SZ Online N24 Online

――――ドイツ通信８３回　2016.8.11

フランスでのＩＳテロの背景にあるもの

フランス市民とムスリム系市民と

ＩＳテロに遭遇したフランス市民が、一方で「どうして」と自問しながら、他方で「いつ、また」ととどまることのないテロ襲撃に不安な日常生活を強いられている現状が伝えられています。ドイツでも、規模は違うといえど同じような感覚が広がってきているといえます。実体と背景がつかめ

ず、対応を取れないがゆえの苛立たしさがそこには見てとれます。その怒りが、「市民を防衛できない」フランス大統領と首相への罵声となって投げかけられていきます。日ごとにその声は大きくなっていくでしょう。

ムスリム系市民に目を向ければ、街中でフランス市民から猜疑の視線を向けられ、たとえば電車では同席を拒まれ、今まで以上に社会から排除されていく圧力を感じているといいます。分裂してしまったフランス社会が、また分裂しようとしているドイツ社会が、再びつなぎ合わせられる可能性はないのかと考えさせられます。

ドイツではISテロを実際に体験しながら、フランスとの比較がテロ専門家の間で議論されています。興味のある話ですからここに要約して、何がテロの背景にあり、どういう対応が可能かを探ってみます。これまでもこの点に関しては多少触れてきたところですが、論点を整理し、今後の推移を考察するうえで参考になればと思い、まとめておきます。

フランスに関するいくつかの指標が挙げられるでしょう。

①ムスリムの社会統合の問題

フランスはヨーロッパの中でも一番大きいムスリム社会を形成している国です。しかし、その社会統合が進まず、逆にムスリムと非ムスリムの相互対立が顕著になり、ここにISはテロ襲撃によって文化的、宗教的な戦争状態をつくり出すことを戦略としていることになります。

②フランス植民地の歴史

植民地の歴史が終わり、戦後５０年以上が経っていますが、その歴史は忘れ去られることなく、拷問の経験や、あるいはフランスの側に立って戦った自国民たちへの罵倒が祖父母から次の世代に語り継がれていきます。その典型がアルジェリアの歴史でしょう。植民地時代の歴史と文化を背負って、彼らはフランスで新しい生活を始めることになります。その一例として、９０年代にはニースに多数のアルジェリア難民が受け入れられることになりました。ここにはフランス社会への一体感はありません。むしろ植民地歴史への決着をフランスの地で、と彼らが考えても何ら不思議ではありません。

③移民問題

しかし彼らはフランス国籍を取得しながらも、経済生活では低賃金労働か失業かの道しか残されていず、それによって教育の機会が奪われていきます。郊外でのゲットー化にいっそう弾みがつきますが、フランス国家・政府はそれに適切な対策を取らないまま、現在に至っています。同じフランス国民でありながら、移民は「二級市民」扱いされている現状がここにあります。ＩＳ—イスラム原理主義テロは、それゆえにフランス社会の外部からではなく、内部にその土壌を持っていることが理解できるのではないでしょうか。

④戦争による問題解決

テロの根を絶ち、移民・ムスリム系市民の社会統合を実現するためには、社会、経済、教育面での資本投資と再編が必要になってきます。それがまた、治安、安全保障の根幹をつくり上げることになると思うのですが、しかし、そうした議論がフランスから聞かれません。「Mission impossible」。

したがって、植民地歴史の見直しなど論議の余地がありません。フランスの歴史は革命と解放の歴史にとどまらねばならないのです。アルジェリア市民―移民は、フランスの革命によって解放されたことになります。移民の生活実態は、しかし植民地時代と何ら変わりがないのです。ここに残されている植民地主義意識からフランスの政府にも市民にも、テロの背景と原因を考察しようとする思考は閉ざされ、移民の中では抵抗および自己意識は強化されていきます。残されているのは、戦争への道です。与党と野党の間にはこの点で意見の違いは認められず、戦争への挙党一致体制が築かれようとしています。「戦争に入った。彼らか我々か――それが問題だ!」(Nicolas Sarkozy)

⑤ユダヤ問題と宗教

フランスではヨーロッパでも一番大きいユダヤ社会が形成されています。これがIS―イスラム原理主義者の標的にもなっています。フランスの世俗主義は憲法の根幹に据えられ、宗教は国家から完全に分離され、信仰行為は個人の領域に制限されています。つい数年前には、目線だけに切り込みのある頭から足先まで全身を覆う女性ムスリムの服装の公衆・公共面での着用が禁止され、罰金刑が科されることになりました。こうした要素が、ISがフランス社会内部でテロ部隊をオルグし、実働させる下地になっていると見ることができます。

＊　参考資料：「FR」紙　2016年7月16/17日、19日付　「Der Spiegel」30/2016

ムスリムと「自由」の概念

フランス革命のスローガンは、「自由、平等、博愛」で、そのように教えられてきました。それが民主主義社会の普遍的な構成要素になっていると思いますが、それを今、ムスリムの歴史から再考すれば、ISのテロが何を本質的に標的にしているのか、あるいはムスリムと西側の対立が何であるのかが、多少なりとも見えてくるのではないかと思われます。

イスラム諸国へ行けば、彼らの「平等、博愛」という社会・人間関係がどういうものであるのかを実感することができます。それは、また、「アラブの春」にも見ることができました。生活の相互扶助・援助と共に、外来者への接待等に特徴的です。元々のベドウィン族としての伝統的な習慣であり、慣習であるのでしょう。

しかし「自由」の観点から見れば、イスラム社会では宗教規律が全体を支配しているのがわかります。そしてその宗教規律は絶対的であることが、「自由」への挑戦となり、西側の自由社会への憎悪と敵対を生む源泉になっていると思います。このように考えるとISのテロが目標にしているのは、「自由」あるいは「自由社会」に対するものであるといえるでしょう。

西側社会が当然の原理としている信仰の自由、性愛の自由、表現の自由等というものは、イスラム主義者には〈抹殺〉の対象でしかないのです。ISテロ、そしてフランスが現在まで標的にされているのは、単に社会の一部が標的にされているのではなく、この「自由（社会）」で、言ってみればフランスの革命共和国の抹殺という性格が浮かび上がってきます。したがって、この自由をめぐったムスリムと非ムスリムの議論が社会全体で取り組まれることが、最終的にはテロの温床を断ち切り、テロを未然に防いでいく唯一の道ではないかと考えています。宗教論議もそのなかで見ていくべきだと思います。自由の社会化を推し進めることです。

ドイツとフランスの違いは「自由の社会化」か

テロ専門家の話では、ドイツからシリアに入り、ISの軍事訓練を受け、テロ部隊を目指す青年の数は800人近くいるといわれています。それに比べてフランスからは1700人。しかし、フランスのメンバーの情報では、テロ員としてはドイツのメンバーがたじろぎ、テロ襲撃への最後の決断ができないと伝えられています。この間のヨーロッパのテロ襲撃で頑強な中核部隊を担っているのは、北アフリカ系のメンバーだといいます。そして、その北アフリカ系の数が少ないのはドイツだと（「FR」紙2016年7月16／17日付）。

こうしてドイツとフランスを比較して気休めを言うわけではありません。また、ドイツの社会統合が理想的に進んできたと主張するわけでもありません。この点は、くれぐれも誤解のないようにお願いいします。

しかし、社会化の点での違いは見逃せないと思うのです。重要だと思うのは、テロ実行、自爆攻撃への最後の踏ん切りを絶つのが、実は、長い時間をかけて意識、無意識につくられてきた個々人のこうした自由への社会化の影響だと思えてならないからです。それが理想化されたイデオロギーではなく、現実を客観的に判断できる、最後の人間の理性を呼び覚ますのだと私は考えています。自分たちの住んでいる自由社会を議論し、自由を社会のなかで育てていくことが、「イスラム国」、

ＩＳテロ、イスラム原理主義に対抗できる民主主義の道ではないかと考え、これを書いています。

6―ドイツにおける移民・難民の受入れと共生

私の町「カッセル」の難民対策

「ドイツはやり遂げられる＝ Wir schaffen das!」か

ドイツでＩＳテロ事件が起きて首相メルケルが、どういう見解を出すのか注目していましたが、今までどおり代わり映えのしない「ドイツはやり遂げられる＝ Wir schaffen das!」から一歩も抜け出せず、それを聞けば魂の抜け殻が居所を求めてさ迷い歩いているような感じがしました。ただ従来との違いは、「簡単にいくとは一度も言っていない」と弁明に努めていることです。

想像もつかない数の難民を、ドイツはヒューマンな理由から受け入れました。現場が混乱してくるのは理解できるところです。それを社会全体で受け入れ、解決しようとして、当該の住民、市民がボランティアに積極的に参加していきます。実働している人たちは２００万人、さらに待機している人たちが２００万人といわれていました。

混乱する現場で彼たち、彼女たちが求めていたのは政府のはっきりした方針です。どのように組織し、何を目的に活動すればいいのか。それによって効果的な活動ができ、難民がドイツ社会に一日も早く編入されれば、いろいろな分野で貢献できるはずです。その一助になればというのが、ボランティアの一番の動機だったでしょう。

ここでは連れ合いが実践しているドイツ語コースを取り上げながら、この間の推移を追ってみます。ただ、ドイツ全般の動向については、私に語る資格はありません。あくまで私の町の、個人的な体験によるものであることを了解ください。

7月に起きた難民によるIS関係の襲撃事件2件で明らかになってきていることは、青年たちがキャンプで孤立した状態にあったことです。彼らのまわりの知人関係も、ドイツ人とコンタクトを取ることは難しいとインタヴューで答えています。

こうした外部から切断された孤立した生活が、若い青年たちを精神的に不安定な状態に陥れることは、当初からわかっていたことですが、なぜ適切な対応が取れなかったのか。難民の間では現状を、アメリカがキューバにつくったイスラム・テロリストを収容する軍事監獄と二重写しに「グアンタナモ」と表現しているほどです。しかし、キャンプからの「外部とのコンタクト」は、現在の通信ネットでどこでも可能です。言葉の壁を越えるためには、彼らの祖国への連絡だったでしょう。ISのプロパガンダの網にはまり込むのは容易です。

なぜ適切な対応が取れなかったのか

時期を区切ると、2015年の9月から12月までを第一段階といえるでしょう。難民と市民がお互いにモチベーションを高めながら社会統合の課題に取り組んでいきます。双方に将来への希望が見られるからです。しかし他方で、文化的な、また生活習慣の違いも明らかになってきます。ここでボランティア内部およびキャンプ運営・管理機関との間で大きな意見の食い違いが出てきます。授業の時間割は決められていますが、時間を守らない、規則的に出席しない――言ってみれば気まぐれな姿勢が難民に顕著になってきます。

それをめぐりどう対応すべきかで議論が進みます。なんとも興味深い意見は、「そのうちに彼たちも慣れてくるだろう」「これから生徒を探しにいってくる」「クラス分けをすることは差別だ」「ドイツの気候に慣れていない」などで、市民生活に必要な基本的な習慣とルールを、そしてこれが教育の重要な柱になっていると思うのですが、ボランティアも管理側も教えることができないのです。

これは単に教育の問題ではなく、最終的に難民をどう受け入れるか、つまり簡単に言ってしまえば、どう見ているかということです。

お客扱いするのか、同じ市民として同じ目線で接するのかという違いです。連れ合いは、ドイツ語コース以外のこんな現実味離れした環境と毎日戦う羽目になり、神経をすり減らしました。はっきりしてきたことは、難民には宿泊施設、食事、衣類、ドイツ語コースが与えられ、それ以上の生活に必要な日課が立てられず、受身の状態にされてしまっていることです。難民の自主的な積極的な活動がそれによって妨げられていきます。それを推進するのが、難民援助の最重要な課題だと私たちは考えていますから、ここに大きな隔たりがあります。

第二段階は、今年(2016年)の1月から3月までになるでしょう。季節は冬ですから難民の流れが途絶えます。同じく、首相メルケルはトルコとの難民取引に入ります。財政援助の代わりに、難民をトルコに収容させ、ヨーロッパ―ギリシャの国境前で足止めさせることですが、難民が取り引きの手段・ダシにされていることは、あまり議論されませんでした。

また同じく、この取り引きの時期にトルコの選挙がありましたから、メルケルの政治意図がどうであれ、トルコ大統領エルドアンの選挙運動に一役買ったことは間違いのないところです。それが現在の対クーデター対策と強気の反対派狩りにつながっているのだと私は考えています。

エルドアンを扇動しているのは、ドイツ政府とメルケルです。とにかく、こうして私の町の難民キャンプ・施設が閉鎖され縮小されていきます。この過程で明らかになったことは、難民受入れ態勢が、実は、莫大な「ジョブ・マシーン」になっていることです。ここで仕事をする人たちが、どのような経過で採用されたのかはわかりません。友人の話では、今まで職に就いたこともない親戚の一人がキャンプで仕事をしていると言っていましたから、彼たち、彼女たちたちが今こそと思い、「錦の旗」を振り、権力を行使している姿が連想されるのです。しかし、また再び失業です。

管理機関といえば、自分の身の安全に汲々として、良心的なボランティアからの要請に応えられません。むしろそうした要求は阻害・攪乱要素と受け止められていきます。教師、裁判官、技術者、学生、医者等、貴重な人材リソースであるボランティアが、離れていきます。

その数は計り知れません。連れ合いなどは、最後に残った一人です。何もしなければ、難民だけではなく、ドイツ社会の将来に問題を山積していくことになります。それは目に見えています。それを食い止めるために、私たちは、できる範囲というのは限られていますが、手を引くことができないのです。

教会で難民カフェが開かれているというので行ってみました。ケーキも用意されています。教会関係者がギターを弾いて一緒に歌を歌い、子どもたちを楽しませています。私たちは、どうもこういうスタイルが合わないのです。連れ合いの生徒も数人来ていましたから、彼たち、彼女たちと話をしていると、教会関係者のなかに知人がいて、私を見つけて話しかけてきました。「先週は、イラン人の4人がキリスト教に改宗しましたよ」と、誇らしげに言います。「これまでも、これからもイラン人、ムスリムのキリスト教への改宗が続きます」とも。教会の意図を見せつけられた思いです。キリスト教になれば、問題が解決するのか、と疑いたくなります。

イラン人がキリスト教に改宗すれば、イスラム教では改宗が禁止されていますから、祖国送還にでもなれば死の判決を覚悟しなければなりません。それだけアジュール（政治難民）容認の可能性が高くなるのは知っています。事実そういうケースが多々あります。しかし、周知の事実であるにもかかわらず、議論されることはありません。

私たちからすれば、非常に問題のあるポイントです。それに加えて、厳格なイスラム教の信者が、そうも簡単に改宗できるのかという疑いです。たとえば日本では長崎の隠れキリシタンの歴史は、作家の遠藤周作も小説『沈黙』に書いていますが、それを知るにつけ、信仰というものの意味と実践が私にはつき返されてくるのです。イスラム教からキリスト教へのこうした改宗に、何か宗教への異質なものを感じてしまいます。

これは一つの例に過ぎませんが、難民受け入れに関わっている個人、組織、機関が、結局は、それぞれ自分の思惑で動いているだけではないのかという疑問が深くなってきました。

第三段階は、4月（2016年）から今日までとなるでしょう。この間に、連れ合いの生徒が、子ども連れで私たちの家に来て一緒に食事をしました。イラク出身の難民です。子どもたちに、「今日は、バスマティ米でおいしいご飯をつくるからね」と言ったら、子どもたちは、「ウオーッ」と声を張り上げて喜んでいました。男性に比べて、女性のほうが会話に溶け込み、社会に対してオープンであるのがわかります。男性は、どうも父権意識が邪魔をしてか控え身になり、対人関係で遠慮してしまうようです。それが語学習得へのブレーキになっているように思われます。

一人の同等な人格として

難民の積極的な社会参加とは何か、どうすれば実践的に語学を習得できるのか。混乱したキャンプから外に出ることです。連れ合いは生徒を連れて町へ出かけ、市電に乗り、博物館を見学し、買い物をし、切符を買い、そして喫茶店でコーヒー・ブレーク等を楽しむ計画を立てます。ほとんどの生徒は、この半年間（！）そうした経験と機会がなかったといって大変喜んだと言います。それに加えて、語学の習得が見るみるうちに進みます。

連れ合いが、やっと笑顔を取り戻しました。それから、食事を準備してピクニックでの遠乗り、屋外プールでの水泳などが加わります。男女混合で、ましてや女性の水着姿に抵抗はないかと心配していましたが、15～18歳の少女たちは家では体験できない開放感を楽しんでいたと言います。しかし、その後、父親が娘たちに水泳を禁止したと伝えられました。

旧ドイツ連邦軍の敷地に滞在していた難民の第二次キャンプへの移送が始まりました。ところで、第一次キャンプでは登録と滞在だけで、第二次キャンプでは、難民権申請に向けた聞き取りが始まります。しかし難民には、移送場所・都市を希望する権利はありません。したがってキャンプ内にはどこへ移送されるかわからない不安が難民のなかに広がり、同時に組織・管理面での混沌とした状況では、とてもドイツ語授業のできる状態ではありません。そこで、連れ合いは別のキャンプに場所を変えてドイツ語コースへのとりくみを再開します。これまでの経験から、識字能力、アルファベット・英語知識、子どもと大人等によるレベルのグループ分けの必要性が出てきました。それを事前に分類することから連れ合いは開始します。新しいキャンプでは、子どもグループと、識字―非識字の区別もなく大人グループの二つしかありませんから、ここから変えていかなければ意味のないことです。

他方で、ボランティアでの共通のコンセプトをつくり上げなければ、授業に一貫性と統一が取れません。それは、管理・運営機関側との、字義どおりの闘争になってきます。

私が気になっていたのは、ボランティア側にある、「してあげる」的な姿勢と対応です。たとえば、「ドイツ語を教えてあげる」――私自身の経験からも、ドイツ語を勉強していたとき、年配のタンデム（ペアになって互いに言葉を教えあう関係）の女性から、「正しいドイツ語はこうですよ」というような対応をとられ、鼻につく思いがしてすぐにその場を立ち去ったことがあります。

余談ですが、だから私の語学力がいまだに上達しないのかもしれません。単語、文法、発音の間違いをそのつど訂正して己のドイツ語能力をひけらかすよりは、相手の話すことへの興味を引き出すことのほうが先決だと私は考えています。自分を外国語で表現することへのわだかまりとか躊躇を取り除いていくことが、教え―学ぶということだと考えています。そうしたコンセプトが、ボランティア内部に必要とされているように思われるのです。一人の同等な人格として、相互の能力を認め合いながらどういう対応が可能かを、授業の中で確立していくことです。

この二つの課題を連れ合いが押し切ったところで、管理・運営機関から「もう必要ない。来なくてもいい」の通達を今週、受けることになりました。

ドイツの難民対策の現状は、以上の経過をたどってきました。画家の友人も同じような状態です。しかし、当の管理・運営機関も失業の淵に立たされることになります。政府との契約は今年(2016年)12月いっぱいで切れるそうです。私たちは様子を見ながら、他方でこれまでの難民とのネットワークを維持していくことに方向転換しました。

先週の日曜日、私たちの家で3人の子ども連れのアフガンの家族と一緒に食事をする機会がありました。朝食はお父さんが、昼食はお母さんが同じく郷土料理を作ってくれて、私は台所でそれを興味深く見習いながら、また新しいレシピのレパートリーが増えたと喜んでいました。

4歳と8歳の子どもが、そのうちに久しぶりにアフガンの家庭料理を口にし、リラックスできたからか、「ババジャン」といって私に寄りかかってきます。アフガニスタン語でスペルをどう書くのかはわかりませんが、「おじいちゃん」という意味です。

私本人は、ドイツではどこでも「Jünger Man(若者)」と呼ばれて自慢していただけに、アジアの人からはすぐに年齢を見抜かれてしまい、がっかりしたものです。が、このように慕って膝の上ちょこんと座ってくれたことがうれしかったです。それからは、「ババジャンが……するよ」が私の枕言葉になりました。他方で、この年齢の子どもたちが故郷の祖父母に思いをはせていることもわかり、胸が締め付けられる思いです。

ところで、この「ジャン」の意味は、日本語の「ちゃん」と同じです。「ばば」が祖父ですから、「おじいちゃん」という意味になり、日本語と似ています。

難民家族の子どもが幼稚園と学校に行く

——ドイツ通信85回　2016.9.8

「経済的に自立した生活をしたい」

イラク、アフガニスタンからの難民家族の子どもが、幼稚園と学校に行くことになり、私たちはその手伝いをしていました。事前に準備するものが書かれたというか、指定された学用備品をみて、目を疑うことになります。決められたメーカーで、なかには意味不明のものもあります。友人の先生にその意味を問いただしても、わからないと言います。

そのため両親は、どうしていいのかクタクタの態です。私たちも同じようなものですが、しかし、こうして新しい生活が始まりました。彼らが引越したアパートを訪ねれば、子どもたちからは「ババジャンが来た！」と歓迎され、郷土料理をおいしくご馳走になっています。台所用品や家具がまだそろっていないので、「ババジャンが手作りしてあげる」と言っては、喜ばれているところです。

両親たちは、それ以外に早く仕事に就けることを望んでいるのですが、言葉の障壁が立ちはだかり、気だけが焦る状態です。「生活保護に頼らない」で経済的に自立した生活を始めたい意思が強く伝わってきます。それを聞くと、この一年間が難民にも私たちにもいったい何だったのだろうかと考えさせられるのです。

「我々は、やり遂げられる」の陰に隠されていたもの

今になって、やっと政治がそれに気づき始めたというところでしょうか。インテグレーションに必要な社会的な条件であるドイツ語コース、教員の確保、学校・保育園・幼稚園の受入れ態勢、住居、さらに職業訓練等をどう充実させていくかが提起され始めています。

それは、首相メルケルの繰り返してきたアピール「Wir schaffen das!（我々は、やり遂げられる）」が、いかに大きな問題と課題を隠しもっていたのかを浮き彫りにしています。むしろ、そのアピールによって、現実に必要な議論を封じ込めてきたというのが、正直なところだと私には思われるのです。そのツケが、実際には、今年（２０１６年）春先の二つの州と、続いて9月4日に行なわれたメクレンブルク＝フォアポンメルン州の選挙に表われてきているといえるでしょう。

結果は、極右派ＡｆＤの躍進ですが、９月４日には約２１％の得票率で、ＣＤＵを凌いで議会第二党にまでなっています。

極右派ＡｆＤの躍進――議会第二党に

来週の日曜日（２０１６年９月１１日）にはベルリンでも選挙が予定されていますから、この間の、そしてこれ以降の選挙に見られる政治動向を考えるうえでの参考になればと思い、メクレンブルク＝フォアポンメルン州議会選挙の結果を要約し、簡単な分析をしておきます。

選挙翌日の新聞でしたか、最初に「SPD vor AfD」の見出しが目に飛び込んできました。「ＳＰＤがＡｆＤに対して優位に立つ」とでも訳せるでしょうか。ため息が出てきそうですが、そこまで、ＡｆＤへの脅威が強いものがありました。

全体の投票率は、６１・６％で前回２０１１年の５１・５％を、はるかに上回っています。

選挙結果が示しているのは、前述した今年（２０１６年）春に行なわれた選挙結果と同様に既成政党が総体的に得票数を減らしている一方、ＡｆＤのみが、まったくのゼロから第二党に成り上がってきたことです。

従来の選挙では、投票率を上げることによって、極右派、ネオ・ナチ派の議会進出に歯止めをかけようというのが政治的な指針としてあり、そのために各政党、民主主義グループ・学者が精力的に投票を呼びかけてきました。投票棄権者数は優に３０％以上もありますから、この部分の獲得が選挙と民主主義を左右するとも言われます。これは確かに理解できるところです。

【メクレンブルク＝フォアポンメルン州議会選挙】

ＳＰＤ	30.6%	前回 2011 年	35.6%
ＣＤＵ	19.0%	〃	23%
左翼党	13.2%	〃	18.4%
ＦＤＰ	3.0%	〃	2.8%
ＮＰＤ	3.0%	〃	6.0%
ＡｆＤ	20.8%	―	―

しかし、今回の投票結果は、従来の政治指針を覆すことになりました。１０％以上もの投票率増加にもかかわらず、極右派が躍進した背景には、何があるのかが大きな議論になってきます。

投票棄権者を動員したのが、実はＡｆＤであり、その意味するところに、今回の選挙の問題点があります。

ＡｆＤに投票した市民の関心事が何であったのかを、以下にまとめておきます。

難　民　５４％
社会的公平・公正　４８％
経済と労働　２６％
国内治安　２６％

他の政党（ＳＰＤ、ＣＤＵ、緑の党）では、難民がテーマにはなっていません。ここから、州・地方の課題が議論されることなく、ドイツ連邦政府への抗議選挙とも言われ、メルケルの難民政治に対する反対勢力をＡｆＤが動員したことになります。それに呼応したのが従来の投票棄権者になります。

政治への失望問題が選挙の機会ごとに議論されてきましたが、明らかになっていることは、失望ではなく、投票を棄権する市民の要求に応えきれない政治の実態が暴かれたことになります。それは、極右派政党へ確信を持ってAfDに投票した比率がたかだか全体の四分の一で、残りの四分の三は(極)右派への自覚と意識はもっていないという選挙分析に明らかです。

人びとの「不安」が駆り立てるもの

そのAfDへの投票心理にあるのは、〈不安〉です。難民への不安という、実感できない心理がAfDに投票した第一の動機であり、背景です。

そもそも、メクレンブルク=フォアポンメルン州の難民数は2万3000人といわれ、他の州と比べてもきわめて少ないです。そこにどんな不安がもたらされているのか。冷静に見聞して認識を深めればすぐに事実がつかめるはずです。が、しかし、事実より社会に広がりつつある雰囲気的な感覚が扇動されているのが、現在のドイツの現状といえるかと思います。

この不安心理ですが、難民以外のテーマを見れば明らかなように、ほぼ同じような重要さをもって労働、社会的公平がAfDへの投票動機に挙げられています。

メクレンブルク=フォアポンメルン州は、経済成長を実現し失業率も低下してきているといわれます。しかし、それはあくまで統計上のことで、実際には失業、年金、介護、医療、教育等で市民のなかには将来への不安を募らせているといわれます。その不安の解決を見出せない政治が、結局は難民を生贄にする結果を招いているといえるでしょう。

「難民を排除」すれば、問題が解決する？　どこから流れたのかＡｆＤへの票

ここに危険な心理操作があります。こうして、既成政党は得票率を大幅に減少させ、他方でＡｆＤが驚異的に得票率を伸ばしている根拠があります。問われるべきは、逆に、「難民を排除」すれば、社会問題が解決するのか？　ということです。

既成政党は、ＡｆＤは問題を単純化して、言い換えればポピュラー化して、根本的な解決を提唱することができないと批判します。しかし、そういう当人は社会の要請に応えられる方針を持っているのかと問われているのが、これまでの選挙が示しているところです。

以上の点を職業別の投票分布からＡｆＤとＳＰＤを比較しながら見てみます。

	ＡｆＤ	ＳＰＤ
労働者	３３％	１４％
サラリーマン	１７％	２１％
自営業者	２７％	２４％
年金者	１９％	１９％
失業者	２９％	１３％

次に他政党からＡｆＤへの票の流れは、以下のようになります。

投票棄権者から、５万５千票

ＳＰＤから、１万５千票

ＣＤＵから、２万２千票
左翼党から、１万６千票

新しい社会が目前に迫っているという時代認識をもつこと

どこに不安の源泉があるのかは、一目瞭然です。難民と市民を競争・対立させ、社会的な妬みと羨望が生み出されてくる事情が認められます。社会が分裂していこうとしているわけです。しかし、それに楔を打ち込み、共同で難民問題を社会全体の課題として取り組んでいこうとすることが、問われている政治の役割というものでしょう。それができる政治家のいないのが今のドイツ、ＥＵの一番の問題点です。難民を迎え入れ、新しい社会のあり方とはどういう可能性を持っているのかが、議論のテーマにならなければならないのです。

歴史はそのようにして、いつも新しい発展を遂げてきました、経済、文化、芸術、学問、技術の発展に、難民・移民が貢献しなかった歴史を私は知りません。歴史を自分で探求し、その地に自分で足を踏み入れれば、そこには驚くような難民・移民の歴史の刻み込まれているのを発見し、さまざまな人種、民族の入り混じる社会の躍動を見せつけられ、人は感動するはずです。これまでの社会ではなく、新しい社会が目前に迫っているという時代認識からスタートすれば、不安ではなく、大きな意欲とダイナミックな流れがつくり出されることを確認できるはずだと思うのです。それがＡｆＤ・極右派に対する対抗軸だと考えています。

首相メルケルは選挙についてのコメントを求められ、自分の選挙区で、しかもCDUの歴史上最悪の結果にうろたえながらも、「Wir schaffen das!（ドイツはやり遂げられる）」を実現すべき政治方針を具体的に語ることができず、従来どおり成り行き任せの姿勢を続けています。

それが、どこまで続くのか、持ちこたえられるのでしょうか？

＊　参考資料：「FR」紙　2016年9月5日、6日付
Spiegel Online　Heute.deTagesschau.de

――ドイツ通信86回　2016.9.19

難民流入、依然として止まらず

この一年間を振り返って……

「難民」という言葉が聞かれなかった日がないというのが、この一年でした。連日、白熱し、挑発するような議論と批判がいたるところで聞かれていたように思います。しかし、ここにきてしばらく沈静化してきているような印象を受けます。首相メルケルと政府からも、それに合わせるかのように「難民数が減少している」ことを強調しています。政府の統計では2016年1月9万人、

2月6万人、3月2万人の難民が記録され、今年度の予想を全体で30万人と見積もっています。難民のドイツへの流入は決して止まりを見せているわけではありません。しかしメルケルのそんな説明と発言を聞かされれば、これまでの難民対策が正しかったような錯覚に陥りがちです。

しかし、そんな政治マヌーバーが通用しなくなっているのが現実です。市民もそれを感じ始めているのでしょう。あちこちで、「これまで、首相としての責任でどんな具体的な政治方針と対策を決定し指導してきたのか?」「上っ面の言葉ではなく、事実関係に対する首相としての責任ある明確な説明がどうしてできないのか!」という声が聞かれます。

それらを混乱したなかでも実行してきたのが産業界、企業であり、ボランティアに支えられた社会部門ですから、さすがにドイツ経済界の集まる集会では、誤解を与える「Wir schaffen das !」(我々はやり遂げられる!)アピールを今後、メルケルが控えめにするという話も伝わっています。[**]

* 難民を受け入れ職業訓練と実習を行ない、彼らの将来への生活・労働保障とインテグレーションに貢献している大中小の企業がたくさんあります。それを継続していくためには、政府・行政の官僚規制や手続きとの神経をすり減らすような闘争が必要です。

** 朝日新聞(2016年9月20日〈火〉12時40分配信)によると、19日の記者会見でメルケル首相は「当初からスローガンとして使う意思はなかったとしつつ、勝手に解釈され、挑発されていると感じている人も中にはいる。一方で、私たちにはこの言葉では表し切れないほどの仕事が待ち受けている」と発言。

新しい文化的な生活スタイルの形成と左翼の凋落

これまでの選挙でもそうでしたが、明日、9月18日のベルリンの選挙でも、間違いなくこの点に関する厳しい判断が下されるはずです。それはメルケルだけではなく、すべての政党に問われていることでしょう。従来の政党というのは、保守と経済界を代表するCDU／CSU、労働者と貧困下層を代表するSPD、そしてインテリ・中間層のオルタナティブを代表する緑の党、このように分類できたのではないでしょうか。

「資本と賃金」の対立から、教育、技術、テクノロジーの発達、普及により新しい中間層が80年代に生まれ、それと同時に新しい文化的な生活スタイルが形成されてきます。これを代表したのが緑の党でしょう。経済の発展と比例して価値観も変わり、生活のレベルが上がっていきます。労働者は、もう従来の労働者ではなく、新しい層をつくり上げることになります。

その一方で、このグループから取り残され、社会の片隅に押しやられ、字義どおり〈置き忘れられてきた〉グループがSPDを見放し「左翼党」に結集します。それとともにSPDの低落傾向が始まります。

左右既成政党の機能不全と極右政党の台頭

しかし、市民の生存危機はそこまで深く、SPDと「左翼党」には自分の将来を託すこともできずAfDの支持票になっていきます。他方で、保守層のなかにも、労働者と同じような変化が現れてきます。従来のキリスト教的な価値観を保持しようとする部分と、社会変化の中で時代に対応できる新しい保守への再編を試みようとする部分への分岐が進み、メルケルが、こうした党の路線問題にはっきりした政治方針を出せないで、ズルズルとなし崩し的に─彼女の言葉を借りれば「選択肢のない！」政治を継続してきたことによって、従来の保守層に危機感が生じ、ＡｆＤに党員と票田を奪われることになります。

このようにして社会がそれぞれのグループに分裂し、対立していくことになりました。文化、価値、さらに利害の違いは、それぞれの社会的な、かつまた歴史的な条件によって異なりますから、それらが同一になることは独裁体制以外に不可能でしょう。しかし、逆に、それらを社会の不可欠の成立・構成要素として取り入れていけば、多種多様なダイナミックな世界が築かれるのではないかと考えます。その中心に位置しているのが、難民問題です。

以上からわかることは、現在の政党政治では、それが不可能な状態とシステムになっていることです。その欠陥を狙いすましたのが、実は、ＡｆＤにほかなりません。彼らに対して「ポピュリズム」、「(既成政党に対する) 反対・不満運動」、「民族排外主義者」等の批判が投げかけられます。それはそれで一理を言い当てているでしょう。しかし、本当の危険性は、それと同様に、新しい社会を前にして、既成政党がすでに政治の統合力と動員力――それを政党の指導性といっていいかと思いますが――を喪失していることにこそあるというべきです。

ドイツ民主主義の強さとは

ドイツの社会運動には幅広いものがあることは言を待ちません。労働、環境、教育、自然・動物、教会とあげていけばキリがないほどです。何か不当・不法な動きがあれば、すぐに大きなデモ・集会が取り組まれていきます。それを見せつけられれば、この社会に生活することの安心感が伝わってきます。

どこか危険な方向に政治と社会が向かおうとすれば、必ず、市民の力で自分たちの公正な権利と人権を取り戻し守ろうとするベクトルが働きます。それがドイツ民主主義の強さといえるでしょう。社会への積極的な参加が、逆に個々人には求められるゆえんです。私には、〈厳しいな！〉と思われるときもありますが、そこに社会と人への連帯意識がつくられていきます。ここにも、あそこにも興味深い考えをもっている人たちがいる、あるいは、ちょっと違うけど意見を聞いてみたい。それだけのことですが、自分のモノを見る領域が拡大されていくのがわかります。今から考えれば、ドイツでの２５年以上がこうして過ぎていったように思います。

どんな社会を展望しているのか見通せない

ドイツ・ヨーロッパでストライキ、集会、デモの言葉の聞かれない日は、ほとんどないといっていいでしょう。しかし、です。これらの運動はそれぞれの権利と要求を主張こそしていますが、そこからの横の全体的なつながりが見えません。政府・権力への反対という縦の闘争構造は理解できるのですが、はたしてそこからどんな社会を展望しているのかが、今一歩見通せません。

フランスやドイツでは、マルクス主義の再検討という議論もないこともないのですが、そういう問題のとらえ方でいいのかという気がします。ソヴィエト共産主義崩壊の痕跡を、２６年後の今、まだここに見る思いがします。

この点は権力に対する闘争組織一般に言えることでしょうが、政権中央に対する反対闘争から取り残される上記既成組織に愛想を尽かし、忘れられた周辺グループが存在することになり、それをＡｆＤが政府批判として難民問題を取り上げるとき、つまり政府への不満を組織するとき、このグループが大量に動員されることになるのは、この間の選挙で明らかになっているところです。

組織、その共同体意識がもつ閉塞感と他者を排する心理

このへんの組織というものへの心理作用には興味深いものがあります。既成の政党にしろ、運動組織にしろ、意識、用語、行動等では組織としての枠がかかっていますから、言い換えれば一つの同胞意識で結びついていますから、個人としての自主的な判断と行動ができにくくなっています。労働者や市民の（地域）共同体意識が成立しています。

これは理屈っぽく説明するまでもなく、一般の部外者がそうした社会に入り、運動に参加するのがなかなか難しいことからもわかるはずです。左右、上下関係なく〈場違いだな！〉と思った経験が誰にもあるはずです。

一度私も、労働組合のメンバーからドイツのメーデーに誘われ、行ったことがあります。しかし、組合旗とビールと焼きソーセージ、そしてどこか憂鬱な音楽以外には目新しいものはなく、何をし

ていいのか、話していいのか気まずい思いをしました。それ以来、いくら誘われても行かなくなってしまいました。

難民問題を語ることはできますが、組織（活動）の中に取り組めない一つの大きな弊害になっているように思います。

なにゆえ左翼政党支持者がためらいなく極右派に投票するのか

こう考えると、フランスでもそうですが、なにゆえ、共産主義政党や社会主義政党の支持者がためらいなく極右派に投票するかという理由も説明できるはずです。従来の組織が機能しなくなり、中央政府反対を政治目的にした縦の組織構造と同胞意識に寄りかかろうとすれば、それを代表する別の政党を選ぶことに特別の抵抗はないばかりか、むしろ一体感のようなものを感じるはずです。そこに見られるのは自己保身の裏面にある排除の意識とシステムです。

それがドイツではＡｆＤで、フランスのＦＮということになります。東ヨーロッパの共産主義体制から、民族排外主義への移行もここから説明できるはずです。衣が代わっても、中身は同じということでしょう。

政府批判が、「難民は祖国へ返れ！」と一体になっていきます。政党組織の新しいシステム転換が問われているのです。

難民問題は、一世代、二世代を必要とする長い課題です。その過程で難民と共に社会と政党がどのような変化を遂げていくのかが、難民問題の核心であるように思います。

ドイツで特に顕著ですが、CDU/CSU、SPD、緑の党の政治路線は「中間層」を射程にしたものです。中間層を獲得するというのが、これら政党の組織目的になります。違いは、中道路線の左か、真ん中か、右かだけの違いです。

しかし、その「中間層」の実体が何なのかは、はっきりしません。かなり抽象的な概念に過ぎません。はたして新自由主義が世界市場を荒廃させたあとに、「中間層」がまだ存在するのか。そんなものは、よき時代60—70年代への郷愁——ノスタルジーではないのかとさえ思われます。

他方で、市民が直面する問題は、肌身に突き刺さるほど現実的です。このギャップが、政治失望から30%以上もの投票棄権者を生み出した原因でしょう。

首相メルケルは、「ドイツの経済は安定し、これからも心配することはない!」。だから「やり遂げられる」(Wir schaffen das!)と強調してきました。

簡単な統計からこの点を最後に検討してみます。

ドイツで18歳以下の〈子どもの貧困化〉が進んでいるという調査報告があります。その数全体で250万人[*]といわれ、年々増加の傾向が認められます。

* 資料:NGO系 Kinderschutzbund 別の政府依頼資料 Bertelsmann-Stifutung では200万人、「FR」紙2016年9月13日付。「HNA」紙2016年9月16日付

これらの子どもたちは社会的に孤立し、物質面では十分な手当てがなく、自分の部屋を持てず、

健康面でも劣悪な状況におかれ、食事では不健康な食べ物を摂取しているといいます。ホビー、休暇旅行、学校外の教育チャンスなどは贅沢で手が出ない現実です。

それに加えて、特に母子家庭の母と子どもには二重の生活苦がのしかかってきます。それを裏付けるように短縮時間労働（ショートタイム）と派遣労働の数が増えてきています。就労ブームにもかかわらず、フルタイムの労働が減少を続け、ショートタイムの労働が増えているのが読み取れます*。

＊ 資料：Das Institut für Arbeitsmarkt - und Berufsforschung(IAB)「ＨＮＡ」紙　２０１６年9月１6日付

ここでの問題は、その給料だけでは生活できないことと、リタイアした後の〈老齢貧困化〉を、今の時点からすでに、覚悟しなければならないというところにあります。

テーマを整理すると、すでに子どもの時点で〈貧困化〉が現実となり、リタイア後にも〈貧困化〉がセットされた働く人たちの人生とはなにか。今現在の生存への不安と将来への不安が、人間存在を蝕んでいきます。

「ドイツの経済が安定している」とは、どこの世界の話か。「中道」路線などは、こうした社会的貧困下層には、それこそ高嶺の花であるでしょう。

ドレスデンの当初の Pegida 運動やＡｆＤに結集する大衆には、このような不安を現実問題として抱えていることを見逃してはならないでしょう。

以上、ドイツのこれまでの社会と新しい社会構成要素になる難民が、どこで結びつくことが可能かを考えながらこれを書きました。

ドイツにおける移民・難民の受入れと共生のこれまで、これから

――ドイツ通信88回　2016.10.9

「鉄のカーテン」が撤去されて

1990年代の難民は、主に中東、東ヨーロッパ、バルカン地域からの人たちであったように記憶しています。ベルリンの壁の崩壊を契機に始まった「鉄のカーテン」が撤去されたことにより、自由と経済を求めて、彼らが西ヨーロッパにドーッと流れ込んできたのがわかります。私は、そのなかでも、ドイツ系ロシア人の歴史に興味がありました。

ロシア・ソヴィエト時代には、ナチの手先ともくされ、このグループは住居を強制的に立ち退きにされ、社会的経済的な排除と差別を受けてきました。彼らのドイツへの、ある意味では祖国帰還は、祖父母、さらにそれ以前の家系にドイツ系親族がいれば、問題なく進んでいたようです。しか

し、ドイツ語も話せないで、ただ「ドイツ系親族」というだけでドイツでの滞在権と住居権が承認されたことによって、ドイツの国家・国籍に関する議論に火がつけられます。ドイツは、９０年代はまだ、「血縁国家」であったわけです。

このドイツ系ロシア人も、後に、ドイツへ帰還するにあたって当地でドイツ語能力を証明しなければならなくなりました。彼らとの多くの社会問題に直面したドイツの、２０００年代に入ってからの新しい対応です。

一方これに、戦後復興に向けて、労働力の担い手になる世代が戦争の犠牲となり、戦死またはロシアに連行されるという状況のなか、深刻な労働力不足を引き起こすことになりました。

その労働力不足を補うものとして、イタリア、ポルトガル、ギリシャなどから労働力の担い手として外国人労働者を積極的に導入したという経過があります。その背景にあるのは、それらの国々はキリスト教文化という共通性です。そこには、想像される宗教や文化対立を回避できるという政治配慮が働いていたことは、当時の政府も公然と認めているところです。

先述のキリスト教系グループの波が一段落ついたところで、その後に入ってきたのが、イスラム教のトルコ人です。それによって異宗教のイスラムが主要なテーマになり、それは現在まで引き継がれてきています。時を同じくして、旧共産主義諸国を一巡した私たちの新しいイスラム諸国巡礼が始まります。

ドイツはすでに、多種多様な民族、人種、文化、宗教が入り混じる政治国家に発展してきていました。この現実に突き動かされて、90年代のコール政権（CDUとFDPの連立）は身動きが取れず、硬直し停滞した状態のなか、市民の圧力と抵抗に耐え切れず、1998年10月に政権はSPDと緑の党の連立政権となり、シュレーダー政権の誕生となります。

このSPD・緑の党連立政権に期待されたのは、中世から引き継がれてきた「血縁国家」原理、キリスト教の宗教的価値観、そして異教文化のイスラムから、ドイツがどんな政治共同体としての近代的な国家に成り変わっていくかということでした。コールのもとで二進も三進もいかなくなっていたドイツが、社会の底辺から轟をあげながら動きはじめた一瞬でした。

当時、私には、あの脂肪太りのコールを見るのが耐えられなかったです。ドイツ社会もそのように映っていましたから、SPDと緑の党の連立政権の誕生で自分自身の体が、本当に身軽になったようでした。このコールの末期状況は、今のメルケルの状況にも似ているように思います。

私の大学のドイツ語の先生で今は教授になっていますが、彼女の家を訪ねたとき、たまたまコロンビアに留学していた娘さんが帰っていました。そのとき、彼女は「ナチの戦争責任は自分にはないはずだ」と言います。彼女は、それまでにも各国に留学していますから、そこでナチの歴史について質問され、話題にされるのでしょう。ドイツ人ということでナチの歴史と結び付けられるのに、この世代は堪えられないのだと思います。娘さんにすれば、自分は自分だから、過去に祖父母の代がした歴史に、自分はなんら関わりはないはずだと言いたいのです。このへんの心情は、よくわかります。

いつも私たちとテニスをしている教授の母親と、芸術家の父親が、どんな意見を言い出すのかと思い、しばらく時間をおくことにしました。両親のほうも、どう言っていいか難しいのでしょう。沈黙があります。

学校ではこの年齢の生徒たちと接する機会が多いですから、私は、ここで言わねばと思い、概略、「もちろん、直接の責任はない。しかし、ドイツ国民の一人として、自分の国の歴史に対する意見はもつ必要がある。それによって同じ誤りを二度と繰り返さない責任が、今の世代にはある。それを、各国でドイツ国民一人ひとりに問いただされているはずだ。そこに個人と国家のアイデンティティが成立するのではないか。『自分は違う』とは言えないはずだ」。優等生的な発言になりましたが、言いたいことは伝わったと思います。

しかし、父親のほうからの「話題チェンジ」の一言で、この議論にいったん終止符が打たれました。もっとも両親が戦争世代だと、もっと複雑になります。それは、彼らはナチ世代ですから、誰も自らすすんで事実を語ろうとしません。むしろ沈黙し、墓場まで持っていこうとしたのが敗戦直後の傾向でした。それに風穴があけたのが、「６８年世代」と呼ばれる革命運動です。そこには世代の対立があります。子どもは親の責任を追及します。連れ合いの学生友達の中には、いまだにナチと関係があった両親と口を利かない、顔も会わせないという状態の人がいて、家族も分裂してしまっています。両親は両親で、信念を変えません。子ども世代からの追及は徹底的でした。

「ナチの歴史に関した授業はなかった」

日本でドイツの「戦争責任」を論じた文章でよく目にした表現は、「世代の交代」でした。「68年世代」を指している表現ですが、それによってドイツでは「過去の克服」が取り組まれてきたと続きます。はたしてそうだろうか、というのが私の疑問でした。表現のスマートさは認められるのですが、ドイツ社会が経験した抜き差しならない議論の過程が、その表現では見失われているように思います。

ドイツは、体内に腐食していたナチの膿を搾り出さなければならなかったのです。妥協した政治に代わってそれを追及したのが68年世代になります。それは平穏な道ではなかったでしょう。政治、司法、軍事、行政、経済等、あらゆる分野での闘争だったはずです。各家庭にも及びます。それが「68年革命」といわれている内実です。彼らが歴史の事実を暴露し、戦争責任を追及しました。学校では、ナチの歴史に関した授業はなかったと連れ合いは言います。授業内容は民主的なワイマール共和国から、ナチ時代を素通りして、戦後の民主主義へ飛びます。ドイツの歴史認識が途切れているといわれるのは、そういう学校教育の問題が大きいです。

ここがフランスとの違いで、大きなコンプレックスの源になります。では、誰も語らない事実をどこで、どうして知ることになるのか。

「68年世代革命」――それは「世代の交代」ではなく「世代の対話」

〈過去の沈黙〉がどうして破られたのかです。戦中は、ミュンヘン大学で起きた反ナチ闘争「白バラ・

グループ」の手紙にナチ残虐の一端を見ることができます。反ナチ、反ヒトラーのビラを学内でまきゲシュタポに逮捕され、兄ハンス・ショルと妹のゾフィー・ショルらが、国家反逆罪で即刻処刑された事件です。そうした事実をすべて集団的に忘却しようとしたのが戦後の始まりだったのです。それを追及したのが被害者でホロコーストを生き延びたユダヤ人でした。

法廷に引き出されたナチ戦犯を市民が自分の目で見て、「ユダヤ人虐殺への自分の責任はない」との証言を聞き、その尊大で無責任な対応に激怒しながら、戦後ドイツ社会と市民が事実に目覚めたといえるでしょう。それは沈黙する自分をナチ戦犯の姿に重ね合わせるからです。そうした状況を生み出したのには連合軍の軍事法廷も大きな役割を果たすことになります。

その様子はメディアも伝えるように、〈法廷での歴史授業〉ということに尽きます。こうして沈黙が破られました。それは「世代の交代」ではなく、「世代の対話」でした。

これが、私がドイツの戦争責任を語るときの観点になっています。歴史が裁かれる法廷で、ドイツの戦後世代は〝歴史の授業〟を受けたのです。学ぶ、知ることへのこの姿勢は、今日まで一貫し、ドイツ民主主義の原点になっているといっていいでしょう。これが、ドイツ民主主義の強さだと思います。

私がドイツに渡った1990年代は、ちょうど、「難民法」の改悪が議論されていたときでした。大学に入り、学生自治会や他の学友と一緒に、外国人学生へのインタヴュー調査を行ないました。それは外国人であるがゆえに、どんな排除や差別があるのかを調査することでした。最後まで残ったのはクルド系トルコ出身の女子大生と私の二人でしたが、教授の援助も得て、何とか結語を書くことができました。

言葉の問題が大きいのがわかります。アクセントを聞いただけでアパートを断られ、就職には不利に作用し、外見からも日常生活でさまざまな差別的な対応を受けているのがわかります。

差別的な対応は言語表現による直接的なものと同時に、非言語的な、ジェスチャーとか表情のような間接的な対応にも及んでいるところに注目がいきます。これは、単に大学だけでなく社会でも認められることです。


2000年前後だったでしょうか、ある日、二人のユダヤ人年配女性が私たちの家を訪ねてきました。一人はイスラエルからで70歳代後半、もう一人はアルゼンチンの60歳代初めの女性です。1933年にナチが政権を奪取する直前に国外脱出してからの様子、そしてこれまでのイスラエルの政治動向を興味深く話してくれました。日中、町に出かけて帰ってきては、「この町は30年代と何にも変わっていない」と語気を強めて話してくれます。私たちは、その言葉を聞くだけの態でした。

ドイツ滞在トルコ人の社会編入が、イスラム教とともに議論されていた時期です。数日の予定が、10日間ほどに延び、二人と一緒に生活することになりました。食事を済まし「後片付けは私の仕事だから」と言っても、「何もしないでいるのは退屈だから」と言って、台所をきれいにしてくれます。

イスラエルからの女性は、これまで人生で七つの戦争を体験したと語ります。最近では(ユダヤ教)

オーソドックス派が政治権力を握り、「イスラエルを離れたい」とも、もらしていました。しかし、現実に生き、自分の過去を後悔したり、恨めしく思う言葉は一度も聞かれませんでした。

ホロコーストを生き延びたユダヤ人の数は、現在３００人くらいに減ってしまったといわれます。第二次世界大戦が終わり七十余年、年々その数が少なくなってきています。それは、同時にドイツ民主主義の危機でもあります。どのように歴史を引き継いでいくのかは、その意味で私たちの世代に課された重要な課題になってきたといえます。

１９９０年代から始まっていた「難民問題」

１９９２年から９３年にかけての、当時の学生自治会の機関誌が手元に残っています。その表紙に「難民法」改悪のイラストが描かれています。もう２０年以上も時間がたっていますが、むしろ現在にこそ、そこに描かれている意味するところの威光が放たれているようです。そのイラストは気球に乗った難民を描いてあるのです。

ドイツの国は周りを他国に囲まれていますから、その周辺国が「安全な国」と規定されたことにより、難民は、陸路からではドイツへ入れなくなりました。ではどうするか。気球を使って空から入国するしか手はありません。こうして、気球がドイツの上空を迂回しているイラストができました。現在の難民問題の本質を言い当てているでしょう。

難民問題は、何も今に始まったことではないのです。９０年代の初めから、同じ問題が引き継がれてきているのです。現在の議論というのは、時代をさかのぼれば、間違いなくこの時期の議論といってもいいでしょう。

物言わぬ、隠れてネオ・ナチ襲撃に拍手を送るグループに油を注いだのが、1999年のヘッセン州議会選挙でした。SPD―緑の党連立の中央政権が、「血統国籍」に代わり、政治国家への一里塚として二重国籍を提案します。それに反発するCDU候補が、二重国籍反対の署名運動を行ないました。それにつられて、物言わぬグループが合法的に公然と表に出てきます。

結果は、CDUが選挙に勝ち、戦後、SPDの拠点であったヘッセン州（ドイツ中央部に位置。フランクフルト市がある）が陥落し、今日までその状態は続いています。外国人問題が、政治利用されている典型的な見本です。

いつの時代にも、こうした動きの見られるところに、危険性が潜んでいるといえるでしょう。国内、国外を問わず、植民地主義の歴史に見られるように、その時々の政治駆け引きに難民―外国人問題は、帝国主義の利益に沿って利用されてきました。それは、現在も変わりはありません。その中での市民の闘争です。

連れ合いの姉は、それまでの判事の仕事を投げ出し、アフガニスタンからの小学生のドイツ語読解と筆記の練習に自由時間を当てています。また、家の隣の高校の元先生（女性）は、お連れ合いとともに小学校で読書朗読を行なっています。こうしたボランティアの数の多いことはすでに書いたとおりです。それが下地となって、昨年2015年の大きな難民連帯と援助の草の根運動が実現しました。

「過去から学ぶ」ということ

では、最後に「過去から学ぶ」ということはどういうことか。過去からから学ぶことは、単なる知識ではないでしょう。確かに新しい認識です。戦争犯罪を断罪した〈法廷の授業〉から学ぶことは、それだけではないはずです。ユダヤ人虐殺の行為者としての存在、そこに見られる言葉と言動から、社会への責任を見抜くことができます。それを目の当たりにしながら、沈黙を決める自分を、戦争世代と置き代えてみるはずです。被告席にいるナチが自分と二重写しになります。その時、それを拒否しようとする人間的な理性が必ず働くでしょう。戦犯者の姿は自分のそれではない。では、何をするかという自問が返ってくるはずです。

「過去から学ぶ」ということは、それ故に、現在、個々の人が何をなしうるのかという現実的な問いかけになります。そのことによって現在が、過去を裁けるのだと思います。６８年世代の功績は、ここにこそあると思います。

現在の難民援助活動によって、過去のドイツ難民政策を克服しなければならないのです。そこから、血統と一つの宗教観によってではない、多様な文化、宗教、人種が共生共存できる政治共同体の可能性を、ヨーロッパは模索しなければならないでしょう。これが難民問題の核心だと考えています。

民主主義は、新自由主義に対抗できるか

──ドイツ通信89回　2016.12.4

トランプ勝利で政治混乱に叩き込まれているヨーロッパ

アメリカ大統領選挙でトランプが勝利したことによって、ヨーロッパは政治混乱に叩き込まれています。トランプの人種主義、性差別、ナショナリズム、ポピュリズムに対して、ヨーロッパは、経済、外交でどういう対抗が可能か。さらに、対ＩＳ・テロ同盟の今後の政治・軍事的見通しはどうか。きりのない議論が続けられているのが、ヨーロッパの現状です。これは裏を返せば、トランプの動向が、すでにヨーロッパに認められることへの不安を、はからずも語っていることになります。アメリカ大統領選で見られた傾向は、何もアメリカに限らず、イギリスのＥＵ脱退を筆頭に、ヨーロッパ、世界に共通する現象であるからです。などと書けば、知ったかぶりな言い方になりますが、ヨーロッパからアメリカ選挙をみることによって、なぜ、ヨーロッパが政治混乱に陥っているのかを以下にまとめてみます。

アメリカ大統領選挙については、いろいろな角度から分析されているでしょうが、ここでは私が問題点だと思う2点だけを挙げておきます。これはヨーロッパの現状をみるとき、大きなポイント

になると思われるからです。

(1) メディアに関してです。ヨーロッパではトランプ批判が繰り返されていましたが、彼の攻撃的な発言に支持を送るアメリカ市民の生活実態に関しては、ほとんど報道されることはなかったように思います。逆に言えば、対立候補のヒラリー・クリントンに大統領になってもらいたいという願望だけが、そこから直接、間接に伝えられただけです。従来の欧米関係を損なうことなく維持してもらいたいという希望的観測です。しかし、その彼女の政治アピールに関しては、詳しく伝えられることはなかったように思われるのです。それによって、個人的な誹謗、罵詈雑言を含む対立だけが際立ってきたといえるでしょう。それを選挙民はどうみるか。

明日の日曜日には、オーストリアの大統領選が控えています。数日前にTVの定時ニュース番組で二人の候補者、民主派と極右ポピュリストのTV選挙討論を見ていると、政治議論よりは個人攻撃に終始していました。それを見た市民のインタビューですが、「もうオーストリアに大統領は必要ない。選挙投票には行かない。二人とも誹謗、侮辱しあっているだけ」と年金者夫婦の声が聞かれます（「FR」紙2016年11月30日付）。

またイタリアでも、同じく明日、「司法制度改革」をテーマにした国民投票が予定されています。ここでも右派ポピュリストの動向が注目を惹いています。

この二つの選挙で右派ポピュリストが勝利すれば、EUの今後は非常に困難に陥り、EUの存続にも影響しかねません。この不安がヨーロッパについて回ります。

(2) トランプに流れた票をよくよくみれば、オハイオ州、ペンシルベニア州等の従来は左派に投票していた労働者が多数を占めています。トランプはグローバリゼーションがアメリカ産業の倒産と失業を生み出している原因であることを強調し、ホワイト・カラー票を結集することに成功しました。失業者の数とともに、町・地域自体が完全に破壊・解体され、ゴーストタウン化しているところも珍しくありません。トランプがエリート政治を攻撃すればするほど、市民、労働者は彼に結集することになります。

地域と市民、労働者相互の人間的つながりをズタズタに断たれた彼（女）らの行き場が、怒りの発散も含めて彼を支持することになりました。そこから移民排除の排外主義とナショナリズムが台頭してきます。その時、社会的公正、反人種主義、反ポピュリズム、両性平等の訴えは、確かに正当な政治指針であることにかわりありませんが、社会的現実と実態をつかむところまでは、言い換えれば社会から取り残され、排除された市民、労働者の生活感情に届くことにはありません。

国家の制度自体が問われているわけですから、それへの展望と市民、労働者の結集を呼びかけなければならないのです。この隔離した構造がクリントンとメディアの一番の問題点であったように思われます。政治エリートの「きれいごと」としか映らないのです。

選挙後、反トランプの街頭デモが、全米規模で取り組まれているようですが、選挙戦でこのエネルギーと社会層を取り組めなかったところに、民主主義派の、また社会・労働運動派の今後の課題があるように思われてなりません。なぜなら、それはドイツ、フランス、さらにヨーロッパに共通する課題だからです。

この点は、何回か報告したとおり、これまでのフランス選挙、ドイツ選挙でも明らかになっているところです。ゆえに、ここでは、フランスに焦点を当てて、もう少し詳しく触れてみたいと思います。

極右派、ポピュリストに対抗できるものは何か

極右派、ポピュリストに対抗する、あるいはできる政治とは何かということですが、現在のフランスにみられる特徴は、それはまたドイツについてもいえるのですが、保守派といわれる政党・グループが、極右派に対抗して右傾化していく傾向にあることです。目的とするところは、極右派に奪われた保守派の支持と選挙票を取り戻すことです。その典型が、フランス保守派の大統領候補予備選だったでしょう。

先日、チャンスのないアウトサイダーと目され、「Mister Nobody」とコケにされていた共和党のフランソワ・フィヨン（Francois Fillon）が、右派、中間派の支持を取り付け選ばれました。彼は新自由主義改革派のゴリゴリの保守カトリック派で、
①現大統領のオランド（Holland）は、自分の一存で事を決め、市民一人ひとりの意見が反映されることはないと、反社会主義キャンペーンを先頭に掲げ、
②同性愛者の同等の婚姻権に反対しています。これは現大統領が選挙公約に掲げ、唯一実現した法案です。同じ宗教的な理由から堕胎にも反対。

③現大統領の「労働市場改革（フレキシブル化）」に関しては、数ケ月におよぶ労働者のストライキに直面し、失業対策も効果を見せることはできず、結局は、労働者、市民、そして左派に見放され、彼は来年の大統領選挙への出馬をあきらめることになりました。

④それに対してフィヨンは、公共部門の大量解雇、健康保険サービスのカット、週労働時間の48時間までの大幅な延長、を公約に掲げています。外交に関しては、シリアの対IS・テロ政策ではロシアとの同盟を強調し、そうだとすれば、アメリカ主導の対アサッド同盟からの脱退を意味することになり、EU―NATO内でのフランスの立場が問われてくることになります（「FR」紙2016年11月29日付）。

保守派のサルコジ（Sarkozy）と左派のオランド（Holland）が大統領候補から消えたことによって、FN（国民戦線）党首マリーヌ・ル・ペン（Marine Le Pen）は、「二人が、すでに、すっ飛んでしまった！」と高笑いしていました。

FNは、間違いなく、フィヨンのグローバリゼーションと新自由主義に反対しながら、また彼には表立った反移民・難民キャンペーンがないことから、この点で右派、保守派の得票を獲得するとしても、フィヨンが保守的なカトリック派で、伝統的な家族観をもつ、従来は極右派のFNに投票していた南フランスの右派支持層を再獲得する可能性があります。元の保守カトリック正統派に戻るというわけです。いずれにしろ、右へ、右へのシフト転換で、極右派に対抗しようとする保守派の姿が、ここには認められます。しかしそれは逆に、極右派を勢いづけることでしかありません。

では、左派、民主主義派に何ができるのか、というのが本題です。

このところフランスで政治学、社会学、哲学分野で面白い本が出版され、私は、ドイツ語訳ですが買い込み、立て続けに読んでいます。テロに見舞われたフランスの現状を分析し、同じくFNの台頭する背景を論じた出版物ですから、ドイツにも該当し、非常にわかりやすく、かつ興味深いものがあります。そのうちの一冊で、ドイツ語訳で『Rueckkehr nach Reims』（日本でも翻訳され出版されるといいのですが）という題名の本があります。

著者（Didier Eribon）は社会学者で「Reims」という町で生まれ、両親は、工場労働者として一生を送ります。労働者生活と社会、そしていわゆる労働者文化を経験した著者はその後、パリの大学で哲学を勉強し、サルトルにひきつけられ、６８年世代を経験します。そのパリでの学生生活で、労働者出身家庭の子どもと、都市上層階級の子どもとの言葉、立ち居振る舞い、文化の違いを身をもって体験することになります。そこには出身による差別という問題が感じられます。父が亡くなったとき、再び、生まれ故郷に帰りますが、そこには最早、以前に見られた労働者生活、文化は残されていません。それまで左翼党に投票していた母は、８０年代ころからFNに投票するようになっています。この疑問が、彼がこの本を書いた動機になります。なぜ、労働者階級の母がFNに投票するようになったのか。彼はまた、青少年のころから自分の同性愛志向を自覚し、社会運動の中にも同性愛者への差別のあることを知ります。

ドイツでもよく読まれているらしく、２０１６年１２月１日付の「FR」紙に彼のインタビューが掲載され、これを元に、上記の本と合わせて、現在の極右派・ポピュリストの台頭と社会・労働運動に関して要点を以下にまとめて書いてみました。

――1980年代は、70年代に二度の石油危機を経験し、新しい産業再編が進んだ時代でした。それによって戦後の古い労使関係にも変化が起きてきます。第三次産業、いわゆるサービス産業が成長してくるのもこの時期です。中間層が社会のなかに根づいてきます。高等教育を受けた専門家たちによって、特に情報産業の広がりが開始されてきます。社会のネットワークが情報産業とともにつくられて、「連帯」という言葉は「ネットワーク」に取り替えられていきます。

このとき、労働者階級を代表していた左翼政党も、労働者が生活のよりどころにしていた「階級」に基づく従来の社会文化を「古臭いもの」として否認し、放棄していきます。その代わりに主張されだしたのが、著者の言葉で言えば「個々人の自己決定権」の概念です。

――しかし、時代は新自由主義の始まりを告げ、足元をすくわれる結果になりました。「失業になるのは、ろくに学校も卒業せず、自分の責任だ！」

――それによって労働者（階級）としてのアイデンティティを失っていきます。自分が社会のどこに所属するのかわからない、抽象的な個人像が浮かび上がってきます。ここにある一番の問題は、「階級が存在しながら、誰もそれについて議論しないこと」です。

――実は、グローバリゼーションおよび政治経済のエリート上層部を批判、攻撃しながら極右派は、この労働者、下層貧民層の階級意識に呼びかけているといっていいでしょう。それが労働者運動の資本・権力に対する階級闘争にならない理由は、「国民」とナショナリズムがそれに覆いかぶさってくるからです。

グローバリゼーションによって難民・移民を受け入れ、その結果、自国の経済危機を招いた政治エリートの責任を批判することによって、ここから公然、隠然たる排外主義と国民概念が生み出されてくるのは、論理的に理解されます。

他方で、左翼運動、労働運動のなかにも人種主義と、著者が経験した同性愛者フォビーのあることも事実です。この点を彼は、サルトルから引用しています。

――「通常の生活にあっては、フランスの労働者は人種主義的であるが、ひとたび労働ストライキが起きれば、それまで、いつもは敵対し、対立していた同じ人たちが一緒に行動を共にする」

一つは社会・労働運動のなかにある人種主義、排外主義、性差別とのとりくみの必要性を、この著者は強調しています。

保守派と同じく左派のなかにも、右傾化することによって極右派と対抗しようとする傾向のあるのも事実ですが、根本は、左派であればあるほど、労働者、下層貧困層の階級的な意識に呼びかける政治と運動が、今でこそ求められているといえるでしょう。

それがどこにあるのかという問題は、ヨーロッパ社会の底辺で取り組まれている社会・労働運動に目を向け、難民問題でヨーロッパ的な支援・援助組織をつくり上げることだろうと、私は考えています。

ドイツ現首相メルケルが、来年、2017年の首相選挙に4回目の立候補をすると公式に声明を出しました。そのインタビューをＴＶで見ていて、「何も言っていない。同じ言葉はもう１００回も聞いている」と思ったのは、私一人ではなかったでしょう。こうして政治への失望、怒りが広がり、極右勢力を勢いづけていきます。

「Brexis」――イギリスのＥＵ脱退からトランプに連なる一連の動きは、新自由主義に対する社会・労働運動の敗北を意味しているでしょう。フランスの例にみられるように、今後は、いっそうの労働争議と社会対立が予想されます。今がその最良の準備期だと考えています。

あとがきに代えて──今、私たちに求められていること

こちらドイツでも連日、トランプ報道でもちっきりです。それにEU─ドイツが、どう対応するのかで議論が交わされているのですが、これといって決め手と確信を欠いているのが現状です。これまで声高に語られてきた「民主主義」「国際法（戦争と平和）」「通商関係」「同盟関係」の内実がいったいなんだったのかと思われてなりません。

先週の週末、食事に招待されたり、したりして10人以上もの友人と会う機会がありました。一声が、「トランプ！」から始まります。人それぞれの視点から話をしていると、トランプの問題は、アメリカの長年培われてきた課題であるのがわかります。人種差別、民族主義、女性ジェンダー、善・悪対立論などは、戦後の冷戦、ヴェトナム戦争、黒人解放運動、イラク戦争、その後の対イスラム（IS）戦争の過程で明らかに認められる事実です。それらを凝縮して人格的に代表しているのがトランプといえるでしょう。

世論調査で、トランプを大統領として支持する市民が50％近くあるという事実は、それを物語っています。こうして過去を振り返れば、アメリカが常に、「敵（国）」を求めてきた戦後の経過がよくわかりますが、その戦争には、人種、民族、女性、宗教に対する差別、選別と排外主義を必要としたということでしょう。そこで興味があるのは、そうしたテーマが、これまでアメリカ国内でど

う取り上げられてきたのかということです。

「アメリカ体験」から思うこと

こんな話を友人としながら、かつてイスラエルを旅行した折、レバノンとの国境（Rosch Hanikra）での出来事を思い出していました。アメリカの中学生らしいグループも見学に来ていて、自動小銃を携帯したイスラエルの国境警備隊と一緒に写真を撮りながら、イスラエル兵に「休暇で来ているのか」と質問していました。これを聞いて、私はアメリカの教育事情が飲み込めた思いがしたものです。

国境（UN-2000 Blue Line）を越えて北に一歩入れば紛争中のレバノンです。そこで誰が、自動小銃を携帯して休暇旅行をするのだろうか。確かに、アメリカ人ならそれも可能でしょう。しかし、普通の市民はしません。この地域は中東問題の中心地です。世界に軍隊を送るアメリカが、教育のなかで国際関係の少しでも教えていないとしたら、大きな問題です。また、家庭教育と情報活動も問われるでしょう。

もう一つの思い出は、カナダのカルガリーに住んでいる知人のユダヤ人家族を訪ねたときです。いい機会だからといって、カナダ側からナイアガラの滝を見学し、国境を越えてアメリカに入りました。そこでレストランに入って食事をしたのですが、ベーコン、炒り卵、それに分厚いハンバーガーです。その量の多さに、さすがの大食いの私もビックリしましたが、お客で来ている女性が椅子に胡坐をかき両手でむしゃぶりついている姿を見て、私たちはすっかり食欲がなくなりました。

その後、ニューヨーク州の北（Up State New York というのでしょうか）に入ってドライブしたとき、小さなレストランに入りました。すると、そこに居合わせた人たちの全員が白人で、私たちに冷たい視線を向けてきます。何を食べたのかは忘れてしまいましたが、お皿がブリキであったのを、しっかり記憶しています。この時代に、戦地と同じようにブリキのお皿で食事していたのがアメリカです。マクドナルド等のファースト・フード店が、コーヒー・カップではなく、紙カップを使うアメリカ文化がよく理解できます。

これが私のアメリカ体験ですから、アメリカで高校時代を過ごした連れ合いが、アメリカに行こうといっても、私は頑なに拒否してきました。これからも行くことはないでしょう。

もう一つアメリカで気になるのは、いろいろなニュースが報道され、そこに見られるアメリカ人が、例外なく肥満体で脂肪太りしていることです。私の偏見だと思いますが、その映像を見せつけられると、アメリカの食文化とは何かと考えさせられるのです。家庭で、また学校で栄養や健康に関して学ぶことはいくらでもあると思うのですが、そんな教育ができない家庭と学校制度の崩壊している姿が目に浮かび上がってきます。

社会の基盤が崩壊したところで、戦争が遂行されてきたのです。戦争が社会の基盤を破壊したというべきでしょうか。言うまでもなく、そこでは人種、民族、性、宗教について学ぶことはできないでしょう。これが、ブッシュに代表されたアメリカの「悪の枢軸」論の本質だと思います。

友人のなかに、DDR（旧東ドイツ）出身の音楽家がいます。週末、彼から興味ある話が聞かれました。「労働者・農民国家」のDDR時代は、文字どおりに労働者、農民の子弟以外に大学および音楽、芸術等の専門大学で勉強することは不可能でした。彼は大学許可を得ますが、最初の必修教育が「唯物史観」と「マルクス・レーニン主義」だといいます。音楽の授業はありません。彼は、「なんでこれが音楽の必修教育か」と疑問を持ちます。こういう社会では、疑問を持てばもう終わりです。この必修教育をクリアできなかった彼は、放校処分を受け西側に逃亡します。

彼の個人史とともに興味があったのは、DDRのような全体主義的な社会制度の下では、市民のイニシアチブが崩壊させられているという点です。彼は、政治的な強制に対して、それを迎え撃つ市民のつながりが完全に寸断させられ、個人個人の自主的な活動が不可能にさせられているのが、そういう社会を支えている基盤だと言いたいのです。

そこで私は、それは、今のドイツにも当てはまるのではないかと話を持ちかけました。各市町村の青少年ハウス、スポーツ・ハウス、娯楽共同施設、地域の溜まり場になっていたバー、レストラン等が、財政難を理由に閉鎖されていきました。では、どこで地域の人たちのつながりが可能になるのか。どこで、住民個々人のイニシアチブが発揮できるのか。一方では、ドイツの国家財政は約9Md.（日本語表記で90億ユーロ位か）の黒字だといいます。AfD等の極右派の台頭はこうした社会的下地をもっているといえるでしょう。

話があちこち拡散しましたが、大統領令を振りかざす独裁者（トランプ、エルドアン、プーチン）を前にして批判をしながらも、時として市民の無力さを感じることもあります。が、批判をやめたときの危険性を鑑みれば、やはり批判を続けるしかないのです。世界は完全に二分しているわけですから、彼らを批判しながら、〈われわれの世界〉に共通なものを見つけ、強化していくことが、闘争の対抗軸だと思います。

この独裁者を生み出したのは、私たちが住んでいた元々の世界ですから、彼らを批判することが、結局は、私たちの世界の問題点をあぶりだすということでもあるでしょう。


希望的観測「そんな事にはならないだろう」への対抗軸を

状況は異なりますが、ここにいい例があります。『Berlin 1936 von Oliver Hilmes』（ベルリン１９３６年）という本です。出版されると私はすぐに買い求め、読み始めたら中断することができず、ほとんど中毒症のようにとりつかれて最後まで読み通しました（日本語訳が出版されることを願っています）。詳細な資料の整理から、１９３６年ベルリン・オリンピックの開催直前から閉幕までの１６日間の日々を取り扱ったものです。

ナチ・ヒットラーは、ベルリン・オリンピックを世界に開かれ、モダンな躍動する平和なドイツを演出するための祭典として開催します。リーフェンシュタール*が映画記録の監督に動員されたことは、皆さんも衆知のところでしょう。世界各国から数十万人の訪問客がベルリンを訪れ、その中には、もちろん、各国政府の代表者も含まれます。カフェー、レストラン、バーではジャズが演奏され、ダンスの夕べも開かれ、華やかな、そして〈自由〉な世界が展開され、街の人びとも、そうした解放された雰囲気に感動し、誇りに思い、謳歌します。

＊ Leni Riefenstahl　彼女は生涯、ナチ協力を認めませんでした。彼女にとっては、すべてが芸術活動だったのです。

しかし実は、その背後で、静かに、秘密裏に、かつ計画どおりに「障害」者狩りとユダヤ人狩りとKZ（強制収容所）建設が進んでいきました。華やかなオリンピックの宴が終わって、後に市民がそれを知ったときには、もう遅すぎたのです。ポーランド侵攻と、ガス窯はフル回転していきます。もう誰もこの勢いを止められません。

現在この本は、ドイツのベストセラーになり、私もドイツの友人に、この本を推薦しています。ベルリンに住み、集う人びとの中には、反ユダヤ主義の不穏な気配を感じ取り、批判的で猜疑的な意見を持っている人たちも少なからずいました。しかし、こうした意見は全体の流れの中で表に出ることはなく、社会まで届くことはありませんでした。メディアは完全にナチの手中に落ちていたからです。ナチがメディアを掌握し、コントロールしていたといったほうが正確です。

世界各国の間には、またそれぞれの思惑と政略的な駆け引きがあったでしょう。

一番気になるのは、「そんな事にはならないだろう」という希望的観測が、ナチから演出された「自由」を謳歌し、事実を見つめていく意思を阻んでいたのではないかということです。

戦後、「知らなかった」という理由から戦争責任を回避しようとしたドイツ社会およびドイツ市民の背景には、事実を知ろうとしなかった個人の現実があったのではないかと考えられます。そして、それを知ることが、実は自分自身を知ることであったでしょう。

ナチに催眠をかけられたのではなく、自己催眠をかけた自分を知ることは、それゆえ苦しい内部格闘を必要とします。その苦闘が戦後ドイツの思想闘争ではなかったかと思われてなりません。

■著　者：早川　学（はやかわ　まなぶ）

ドイツ統一とヨーロッパの政治的進展に関心と興味をもち、1991年からドイツに在住。

ドイツ通信「私の町の難民」
――ヨーロッパの移民・難民の受入れと共生のこれから

2017年4月15日第1刷発行　定価1800円＋税

著　　者　早川　学
企画・編集　Office2（オフィスツー）
装　　幀　犬塚勝一
発 行 所　柘植《つげ》書房新社
〒113-0033　東京都文京区本郷1-35-13　オガワビル1F
TEL 03（3818）9270　FAX 03（3818）9274
郵便振替00160-4-113372　http://www.tsugeshobo.com
印刷・製本　創栄図書印刷株式会社

乱丁・落丁はお取り替えいたします。　ISBN978-4-8068-0691-2　C0030

つげ書房新社

新版ドイツの中のトルコ
—移民社会の証言

野中恵子著／定価2500円+税　ISBN978-4-8068-0570-0

今やおよそ七三〇万人、四世代にまたがる地元民となった移民系の人口層の中で、もっとも想定の対象だったであろうトルコ系社会はあくまで「ドイツの中のトルコ」の営みを続け、ドイツ社会との融合は進みにくい。二世以降の現地化は国籍の取得にとどまって、中身はむしろ「トルコ人」に純化していく傾向すらうかがえる。その現実にドイツ社会が戸惑ういっぽう、故国トルコはかつての棄民の子を、今やヨーロッパにおける貴重な人材源として再獲得できるにいたったといえるかもしれない。（新版によせて）